7步成交

日本销冠公司的销售流程秘籍
大客户销售必读！

セールス・イズ 科学的に「成果をコントロールする」営業術

⑪ 今井晶也 著

潘郁灵 赵婉琳 译

人民东方出版传媒
People's Oriental Publishing & Media
东方出版社
The Oriental Press

销售是一个"业绩为王"的残酷世界。

只要有业绩,它就会成为一份极其吸引人,且会让人感到兴奋的工作;但如果没有业绩,那么你的世界将一片灰暗……

能者与平庸之人之间的待遇有着云泥之别,所以每个销售人员都在祈求:"我希望每个月都能订单爆满。"

但现实是,既有业绩好的月份,也有基本谈不成订单的月份。

"再不想办法谈成点儿订单,这个月的任务就完不成了。"这是销售人员每时每刻都在焦虑的事情。

那么,如果有一种可以"控制结果"的销售术,你会怎么做呢?

虽然听着很让人心动,但你肯定会想:"如果真有这么厉害的销售术,大家又何至于如此费劲儿呢?"然后一笑置之。

但,那只是你的想法罢了。觉得这个想法不切实际的人,其实只是对"必胜法"不了解而已。如果希望依靠直觉、机缘、性格等"虚幻的元素"来获取订单,那就只能陷入"零业绩"的困境中。

你需要的是一个能够不断产出业绩的理论。而本书,正展现出了科学销售的"再现性"。

前　言

对你来说，销售是什么？

你好啊，我是 Cerebrix 公司的今井晶也，感谢你从众多书中挑中了这本书。

首先，我想对我和我所在的公司做一个简单的介绍。

不知你是否听说过"销售代理"这个职业？

如字面意思，我们会帮助客户销售他们的商品，或为他们的销售提出一些建议，相当于销售活动的幕后工作人员。在服务期内，我们会拿着客户的名片，以客户的名义打电话来推销商品。

但这个职业与代理商是不一样的，我们将自己定义为"客户的公司"，在买方看来，我们就是客户公司内部的员工。

我所属的 Cerebrix 公司在销售支持行业有着悠久的历史和丰富的经验。迄今为止，我们为1100多家企业客户及12000多种商品提供了代理销售或销售战略的规划、执行服务。

我们应该算得上是日本"销售商品数量最多的公司"，并且我们也有旁人无法企及的丰富的销售经验。当然，其中既有成功的经验，也有失败的经验。

我现任 Cerebrix 公司的执行董事，同时兼任市场销售本部长及销售布道者。销售布道者的工作内容十分广泛，简单来说，就是针对法人销售和新客户销售展开研究活动。

Cerebrix 公司会基于在销售支持活动过程中获得的数据发布销售报告，并在活动或讲座中进行发表和说明。

许多参加活动的人都会问我："为什么 Cerebrix 公司可以销售种类繁多的商品和服务呢？"答案很明确，因为 Cerebrix 公司拥有"销售成果控制术"。这就要归功于 Cerebrix 公司在日常经营活动中收集到的大量销售数据了。

一种诞生于"客户不买的原因"的销售方法

虽然我们从事于一家名为 Cerebrix 的公司，但我们会面向各行各业销售五花八门的商品，既有有形的商品，也有无形的服务。同时，我们的服务和商品涉及许多领域，既有清仓服务，也有每月的订阅服务等定期购买型商品。

当然，我们会根据不同商品设定不同的销售目标。我们的客户也是如此，既有大型企业，也有刚刚成立不久的初创企业。

为了销售各式各样的商品，Cerebrix 公司内部约 500 名销售人员每天需要拨打 50~100 通电话给全新的客户。即便每人每天只能通话 50 次，我们也可以在每个月收集到将近 50 万个销售样本和数据。

总之,这个模式就是由无数"让人感到意外"的销售实验数据堆积而成的。虽然多少有些"王婆卖瓜,自卖自夸"的嫌疑,但就有效销售数据量而言,我们绝对称得上是"无敌"了。

基于23年的经验价值,Cerebrix公司开发出了一套科学的销售方法,不再依赖直觉或唯心论,而是可以通过"逻辑和技术"的科学销售方式来获得更多的订单。

我们将这一体系化的专有知识称为"客户开发方法",希望能为更多的客户提供帮助。说起来,它更类似于一种"商业版秘籍"。

该客户开发方法是基于Cerebrix公司在销售活动中收集到的"客户不买的原因"得到的。每天我们都会问客户"您不买的原因是什么呢?""什么情况下您会决定'不买'呢?",并且基于这些意见采取相应的措施。

该举措直接推动了客户开发方法的面世,与此同时,它也是一个"未完成的方法",因为我们每天都在不断地完善它。除了持续不断地收集销售数据,我们还会积极购入最新的销售技术工具并根据购买方式的改变等具体的销售场景变化来进行完善。

当然,再高级的分析方法也必须"贴近现实",否则毫无意义。这就是Cerebrix公司每天都在不断更新销售方法的原因。

销售人员的幸福感会因某一成果而发生改变

包括销售活动和招聘活动在内,我每年都会与大约7000人建立联系。

每次参加活动,尤其是那些主要面向新手销售人员、年轻人举办的活动,我都会问他们同一个问题。借着这个难得的机会,我也想顺便问问各位读者朋友们:

"当你听到'销售就是……'的时候,首先想到的是什么呢?"

迄今为止,我听到的答案无外乎两种:"销售就是……业绩目标。""销售就是……听起来很困难的工作。"据说,全日本的销售岗位已经超过330万个,如果再加上导购岗位,这个行业的人口数量应名列日本各行从业者数量排行榜中的第5位。即便如此,销售岗位的受欢迎程度依然在逐年下降,这一现象在年轻群体中更为显著。

Cerebrix公司曾做过一次关于销售岗位形象的调查。我们随机选取了300位正在从事销售工作的受访对象,询问他们:"您会向他人推荐销售岗位的工作吗?"约57%的受访者表示:"我不会推荐。"

或许在大部分人眼中,销售就是一份非常艰辛、困难的工作吧。

被领导指出数据错误而遭到责骂,在客户面前低三下四,遭受同事的白眼，人际关系也变得越来越差，甚至连自己也不明白："究竟为什么要选择销售这条路？"

但用同样的问题询问那些积极收集销售信息的"金牌销售"时，93%的受访者（共305名）都表示："我愿意推荐。"

金牌销售无论是在领导、客户，还是同事面前都有着崇高的地位，时时刻刻都能感受到自己的"介入价值"。当你从事的是一份受他人重视且收入极高的工作时，自然会自信满满地告诉别人："销售是个很棒的工作。"

可见，销售人员幸福感的决定因素就是"业绩"。那些暂时没有在这行做出成绩的人一旦有所成就，就一定会喜欢上销售这份工作。或许你现在还不相信，但到了那一天，你与周围人的关系一定会有所改善。

虽然我称自己为销售布道者，但也有过一件东西也卖不出去的艰难时期，由此一蹶不振，觉得"商品卖不出去不是我的问题"，将所有责任归咎于"商品不好"等。

那段每天因工作而感到焦虑、逐渐忘记生活中的美好的日子，我至今依旧历历在目。

就我的经历而言，至少有一个理论是得到验证的，那就是"只要产出业绩，销售人员的幸福感就会发生翻天覆地的变化"。

本书将对Cerebrix公司用于内部教育和销售支持的"新客户销售方法和技术"进行详细分析。包括电子读物在内，每年约有1.5万人学习这一方法。本书主要聚焦于传统销售（由卖家主动进行销售、宣传的方式）中的新客户销售方式。

传统销售中的新客户销售需要将"不想买的客户"转化为"想买的客户",这在销售领域是公认的最难的一关。但也正因如此,在传统销售中培养的专有知识可以在既有客户销售活动及响应销售活动中得到高度运用。

即便你是一个本就擅长销售的人,也可以在习得这些方法后将成功的原因从"感觉"升华到"技术"。哪怕将来市场低迷或出现一些不可预见的情况,你也能轻而易举地控制自己的销售结果。

反之,如果你恰好在为业绩不佳而烦恼,也可以在学习本书的专有知识后改进自己的销售技术。

相信所有拿起这本书的读者都会获得更高的销售业绩,迎接更好的未来。

我希望所有从事销售工作的人都能感受到,这是一份能给自己带来自信和回报的工作。

我希望看完这本书的每个人都能在"销售是……"的后面跟上一个带有积极意义的词。

Cerebrix 公司销售布道者　今井晶也

本书出现的高频"销售术语"

这些术语将频繁出现在本书的各个章节。为了保证各位读者的无障碍阅读,请先对以下术语进行初步了解。

传统销售:一种由卖家主动向顾客进行推广的销售方式(=推式销售)。

集客销售:一种以赢得买家反馈为主的销售方式(=拉式销售)。

潜在客户:有购买意愿的客户及其信息。

SOL(Sales Opportunity Lead):购买时机十分明确的潜在客户。

销售人员:获取潜在客户或潜在买家的销售负责人。

内部销售:不直接面对客户的销售负责人。每家公司的情况不同,有些内部销售需要一直追踪到成交阶段,也有一些追踪到商务洽谈阶段即可。

现场销售:原指上门销售的负责人。随着在线办公的普及,现多指"商务洽谈负责人"。

项目:进展到具体提案的商务洽谈("潜在项目"指成交

可能性很大的商务洽谈)。

接触点：与客户接触的关键时刻。

倾听：在电话销售或商务洽谈过程中听取对方的意见。

提案：商务洽谈期间进行的简短介绍。

客户引导：让使用者使用并习惯自己的商品。

免费试用：允许顾客免费试用的合约，或签订合约前的使用。

客户成功：客户的成功。有时也指业务内容或负责人的成功。

客户忠诚：与客户的信任关系和纽带。

目 录

序 章

控制结果的"销售的真相"

重要的不是"卖出去的原因",而是"不买的原因" …… 003
有82%的客户选择"不买" ………………………… 005
销售是一份"将可能性进行可视化"的工作 ………… 008
能创造"内容"的销售,才能赢得未来 ……………… 010
控制结果,意味着对"销售流程"的控制 …………… 013

第1章

思维模式:"销售成功"最重要的10条法则

法则①　不推销商品的优势和特点 ………………… 019
法则②　以客户为"主体"行动 …………………… 022
法则③　由销售主导"发现课题" …………………… 024
法则④　重视"内部销售" …………………………… 027

I

法则⑤	连接"品牌"这一纽带	030
法则⑥	在获得"信任"之前,先展示"信用"	033
法则⑦	操控"第一印象"	037
法则⑧	"行动量"总是设定在最高档	040
法则⑨	商务洽谈要选"该见面的人",而不是"能见面的人"	042
法则⑩	将眼前的损失视为"财路"	044

第 2 章

预约:在无法见面的时代找到新客户的方法

新环境下的销售规则	049
"探客能力"远比"销售能力"重要	051
销售获胜法宝——"目标清单"的制作方法	055
"与客户建立联系"的 4 种新方式	065
不会成为"不速之客"的智能传统销售	070
利用沟通术,成为对客户而言"有用的人"	075
攻下前台的沟通术	079
有助于获得预约机会的"450 字/分钟""0.5 秒犹豫""诱人信息"	084
如何在社交化销售中与新客户建立联系	088

第 3 章

销售流程：将"顾问式销售流程"分解为 7 个部分

被称为最强销售的"顾问式销售"究竟是什么？……… 093
提前研究对策，及时解决每个流程中的问题……… 098
洽谈摸不准客户命脉的真正原因……… 103
销售的前端流程和后端流程有天壤之别……… 105

第 4 章

线索销售：如何打造决定成败的"有发展前景的项目"

客户计划——制订战略计划……… 111
销售拜访——获得信任……… 128
实际调查——设置课题……… 147
订单控制——需求定义和下一步操作设计……… 165

第 5 章

核心销售：全力攻克"有发展前景的项目"

影响决策过程的最大障碍是"维持现状的偏见"……… 179
制作方案——确定课题的设计……… 180
介绍——最佳方案……… 187

结束——助推决策 ································ 196

第6章

售后：成为你个人"财富"的客户忠诚度的提升方法

"有事相商时第一个被想到"的无敌地位 ············ 203
"让购买者成功"的强烈愿望 ······················ 205
不要将"客户成功"拱手让人 ······················ 207
销售的提案才是真正的"客户成功" ················ 209

结束语　我的"销售经" ························ 211

序　章

控制结果的"销售的真相"

本书将对销售的方法及其技巧进行详细说明，用烹饪界的话说，这是一本"食谱"。

但有些时候，食谱也是个很残酷的东西，因为即便依葫芦画瓢，按照与食谱上相同的食材分量和步骤操作，也不是每个人都能做出理想中的菜肴。

为什么会这样呢？因为有些人在磨炼"具体的烹饪技术"之前，并未在心中描绘过烹饪的"全貌"。

商业也是如此。

愿意打开这本书的读者，应该十分渴望获得出色的"销售能力"，学到明天就能实践的销售沟通术，瞬间获得客户的青睐。

你也想学习这样的技术，对吧？

然而，仅仅学习技术是远远不够的。如果不能全面理解销售行为意味着什么，这些技术将无法得到实际运用。

所以，你首先要明白"销售究竟是一种怎样的行为""什么才是好的销售"，以及"怎样才能控制销售的结果"。

唯有这样，你才可以说自己对销售有了根源性的把握。

重要的不是"卖出去的原因"，
而是"不买的原因"

在进行销售咨询的过程中，几乎每次都有客户（咨询者）问我："究竟怎么做才能让我的商品卖得更好？"

这时候我总会提醒他们："请先停止思考'如何卖东西'这件事。"

当然，这并不意味着销售业绩和商品能卖出去的原因没有关系。商品能够卖出去固然重要，但其中不乏"运气好""恰逢好时机"等无法再现的偶然因素。例如，客户"正好需要这件商品"或"听到一个朋友谈到这件商品，觉得很靠谱"等，这些都是碰巧运气好而已。如果过分追求这样的成功经验，就会陷入不断追求再现性低的项目的陷阱。

相反，对于每位确定不买的客户，都一定有阻止他们购买的明确原因。你可以回顾一下以往的失败案例，客户们是否说过这些话：

"我不确定这个商品能不能解决我的问题。"

"我不想一下子买这么贵的，想先试试其他公司便宜点儿的商品。"

"我很想买（这个商品），但是领导不同意。"

这些"不买的原因"很可能成为下一次的销售障碍。你也一定从不同的人嘴里听到过同一个"不买的原因",然后不由得皱眉道:"怎么又是这个原因……"

按照 Cerebrix 公司的销售流程来做,就可以轻松将这些"不买的原因"逐一排除。

例如,在"我不确定这个商品能不能解决我的问题"或"我不想一下子买这么贵的,想先试试其他公司便宜点儿的商品"的案例中,如果能够明确展示出"客户需求与商品功能是高度吻合的",就能大大降低订单的流失率。通过销售流程中的客户案例和使用模拟,可以让大家更好、更详细地理解专有知识具体的使用方式。

通过科学销售"控制结果"的关键,在于"再现性"。打开这本书后,你首先要做的就是放下"依靠机会和运气等再现性较低的'虚幻因素'来提高销售结果"的念头,将精力和时间投入到"自己可以控制的部分"上来。

有82%的客户选择"不买"

让我们通过数据,具体看看客户"不买的原因"究竟有多重要。

图表1显示了传统销售模式下,为期3个月的新客户销售中各个阶段的变化。订单率会随着商品的属性发生变化,图表1将商品分为"低单价快速决策型商品"和"需要计划的提案型商品"两个类型,分别计算出了相应数值。

图表1　有82%的客户选择"不买"

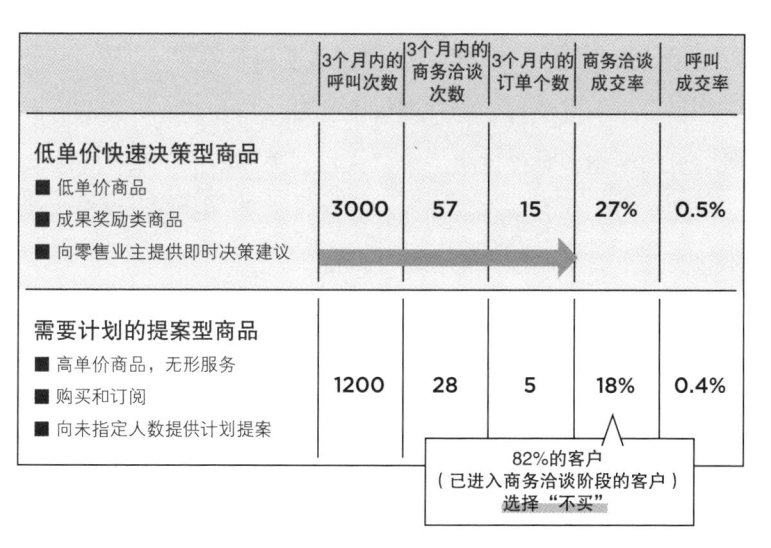

	3个月内的呼叫次数	3个月内的商务洽谈次数	3个月内的订单个数	商务洽谈成交率	呼叫成交率
低单价快速决策型商品 ■ 低单价商品 ■ 成果奖励类商品 ■ 向零售业主提供即时决策建议	3000	57	15	27%	0.5%
需要计划的提案型商品 ■ 高单价商品,无形服务 ■ 购买和订阅 ■ 向未指定人数提供计划提案	1200	28	5	18%	0.4%

82%的客户
(已进入商务洽谈阶段的客户)
选择"不买"

从图表1可以看出，低单价快速决策型商品在商务洽谈阶段的成交率为27%。换言之，10个洽谈客户中只有2—3个下单。

需要计划的提案型商品的成交率就更低了，只有18%的客户能进入商务洽谈阶段。也就是说，10个洽谈客户中只有1—2个客户会选择购买。可见，有82%的客户选择了"不买"。

换言之，在新客户销售中，"未售出"的商品数量远远高于"已售出"的商品数量。

接下来，再从呼叫次数（通话次数）来看各类商品的成交率。需要计划的提案型商品的呼叫成交率为0.4%。也就是说，呼叫1250次后只会成交5单，那么粗略计算后可以得出，有1245位客户处于无法成交或尚未成交的状态。

很多原本就觉得新客户销售难的人，在看完这个数据后大概会更加绝望，觉得这是一个"无法通关的游戏"。

那么，为什么新客户销售会如此困难呢？因为我们是在向不想买这个商品的客户推销这个商品。

试想一下，想购买这个商品的客户应该早就发出了问询，甚至是已经下单了。这样看来，传统销售中的新客户销售的公关对象正是那些"不考虑购买的人"。向不打算购买的人群推销商品的结果，自然是大都不会成交，我们也就完全不必因为无法成交而责怪自己。

此外，关注"不买的原因"还有其他诸多好处。

从图表1的数据可以看出，在新客户销售中，"未售出"的样本数量远远高于"已售出"的数量。样本数量多，意味着数据的可信度更高，因为从本质上来说，销售是讲概率的，所以我们应该把时间和精力放在改善的可能性比较大的部分上。

"成交"发生在销售流程的最后一步，只有商品成交后才能分析成功的原因并反映到下一次销售活动中去。这需要很长一段时间。而"不买"的情况会发生在除"成交"外的所有销售流程中，一旦出现，就可以立即着手改善。

可见，只要收集到足够多"不买的原因"，就会得到控制销售结果的一张王牌。所以从现在开始，一定要在向客户推荐或与客户进行商务洽谈的过程中认真记录客户"不买的原因"。即便客户表示不愿意购买，也要认真询问："请问您是出于什么原因不想购买的呢？""请坦率地告诉我们落选的原因。"

客户的每一句话，都会在不久的将来成为一笔巨大的财富。

销售是一份"将可能性进行可视化"的工作

请允许我问一个问题。所谓成交，就是与客户签订合同。那么你觉得，首次交易的客户是出于"什么目的"签约的呢？

如果你认为是"为了购买商品"，那么你就没有理解销售的本质。客户购买商品一般不是为了商品本身，而是为了获得使用商品后达到的效果和想要实现的目的。

那么，是否可以说"客户签约的目的是解决问题"呢？确实如此。所以我们必须以满足客户需求为主要目标。

但是，签订合同时，客户的问题得到解决了吗？客户的需求得到满足了吗？至少在签订合同的那一刻，大部分客户尚未使用过服务，所以他们的问题并没有得到任何改善。

换言之，客户并非为了"商品"或"解决问题"而签约，而是为了"解决问题的可能性"而签约。

这是销售人员应该时刻谨记于心的法则。合同是在现实世界中签订的，但决策是在想象中做出的，所以销售工作的成败就取决于我们能否让客户觉得"买了这个商品，就可以实现我的理想了！"。基于这个前提，销售人员应该积极提升"将可能性进行可视化"的技能。

本书的目的正是通过商务洽谈实现可能性的可视化，确保在商务洽谈中让客户看到购买某件商品的重要性和紧迫性。

在客户开始考虑是否购买后,应为其展示"可行性证明"(证明物有所值)和"公司的竞争优势"。

能创造"内容"的销售，才能赢得未来

那么，我们应如何实现可能性的可视化呢？

"话术""谈判术""倾听能力""建议能力""主导能力"等都被称为必备的销售技能，但这些可不是一朝一夕就能学会的。

但是还有一件特殊的"武器"，它可以让你即便不具备这些出色的技能和经验，也能向客户展示出这种可能性，那就是数据。当然，此处的数据不仅限于商品的功能信息或使用信息。身为销售人员，我们必须时刻谨记于心的数据是"客户案例"。

最近有个热词叫"数据驱动型销售"，请你务必注意，使用数据进行销售的第一步在于"活用客户案例"。

那么，"活用客户案例"会产生哪些积极的效果呢？我认为大致有以下3点。

（1） 支持可能性的可视化
（2） 无须否定客户即可提出问题
（3） 不受个人口才的影响

首先是"（1）支持可能性的可视化"的效果。

客户签订合同，想买的其实是期待、期望等"无形的东

西"。当然，在这个过程中，他们也会同时考虑到不安和风险。此时，客户案例可以为客户做出决策提供强大的助推力，尤其是那些贴近客户实际的案例，效果更为显著。

其次是"（2）无须否定客户即可提出问题"的效果。

客户案例能有效帮助销售人员与客户展开真诚的交谈，为客户模拟问题。

例如，一位客户表示："我们无法按计划完成业绩目标。"试问，此时如果我们从正面否认对方的做法，对方会作何感想呢？即便认同你的观点，他也高兴不起来吧。

但是如果借助第三方的案例，提出"贵公司是否有类似的情况呢？"等问题，对方就会非常乐意接受你的提议。很不可思议，对吧？明白"这个问题不是自己独有的"后，客户就会毫无顾虑地直接表达自己内心的真实想法了。

最后是"（3）不受个人口才的影响"的效果。

尤其对那些嘴笨的人而言，这绝对是天大的福音。

例如，不擅长销售沟通技巧中的应答话术（对客户的反应或反驳做出回击的话术）的人，或总是无法立刻想到下句话该说什么的人，可以将客户案例作为应答的"内容"，这远比用自己的语言更能让对方感到信服。

客户案例内容对销售流程中的各种场景都很适用。例如，在与尚未合作过的客户进行商务洽谈时，只要提到对方的竞争对手或同行业的使用案例，就足以让对方动心了。

在倾听或提问的时候也是如此。如果能举出一个与对方有过相同问题的企业案例，就能听到对方最真实的需求："其实我们也是……"

在商务洽谈的关键阶段，也可以通过讲述具体的成功案例和使用案例来打消客户的不安和焦虑，增加他们"看起来对我们也会有效果"的信心。

提前准备好所有的客户案例内容，然后随机应变。优秀的销售人员善于根据具体情况灵活选择比喻等便于对方理解的对话方式，而使用客户案例内容能够达到同样的效果。

综上，我认为如何创造客户案例内容将会成为决定未来销售人员能否成功的关键因素。我建议每个销售人员都准备一个案例库，用于分门别类地存放各种各样的案例。

而且我认为，采访已经使用相同商品的客户，听听他们的建议，将会是最有效的方法之一。听他们说说自己的购买目的、选择要点以及正确的使用方法，会让我们对商品的认识变得更加深入、更有温度，也能更好地向其他客户进行阐述。

最后，这里所说的客户案例内容并不仅限于过去的购买案例，所有与销售相关的故事，例如在商务洽谈中听到的信息、相关的趣事等，都可以作为案例内容进行分享。要知道，这些都会成为商务洽谈中触发对话和锁定问题的有利因素。

控制结果，意味着对"销售流程"的控制

可能有人会说："不用在意这些细节，销售看的就是最终业绩。"确实，销售人员只要达成了销售目标就能拥有更多的话语权。即便是 Cerebrix 公司也不能免俗，我们也非常重视业绩成果，甚至可以说"销售的作用就是达成目标"。

但是从"控制销售结果"的角度来看，仅仅达成业绩是远远不够的，因为有些销售人员并不是依靠自己的能力或周全的计划，而是依靠偶然的侥幸达标的。一旦客户或外部因素出现变化，他们就会毫无招架之力。

不仅如此，领导也一般不会过多关注他们的具体工作，或为他们指出问题。换言之，他们已经得到了"业绩达标＝优秀、有能力"的"偏见"特权。

这也是有些人明明拿着傲人的功劳簿，却在跳槽后迟迟无法适应新工作的原因。并且，他们大都不知道该如何挽回一度惨淡的业绩。

本书的目的，就是教会你如何控制结果。可以说，"虽然你业绩出众，但只要你对业绩的控制方式一无所知，你一样会被市场淘汰"。

当然，这不代表我可以接受"只要按照这些流程做就可以了，结果如何并不重要"的观念，这是非常不负责任的。

我想传达的只是"要重视有助于提升业绩的销售流程"。

以马拉松为例。假设我们设定了一个"打破42.195公里的自我纪录并得到冠军"的目标,接下来要做的就是综合本人的身体状况、天气情况等比赛环境,以及竞争对手的状态等多个因素来制订详细的比赛计划。

例如,到达折返点的时间晚于平时的练习时间,那就需要调整步伐,追回时间损失。基于预计时间与实际测量值的对照结果来调整步伐,这就是对流程的控制。

除了设定"42.195公里"这个总体目标之外,还需要设定若干个阶段目标,例如"到达10公里处的时间"和"到达折返点的时间",从而实现定点观测。

对销售来说,这个流程就相当于"行为管理"和"项目管理"。

在行为管理中,基于从开始商务洽谈到成交所需的时间(时间周期),我们可以先从最终目标开始反向推算,设定各个阶段目标,然后针对议案数量、商务洽谈次数、预约次数、呼叫次数等,设定"(为达成目标需要)在何时、达到多少数量"的量化阶段目标,并根据进度不断进行调整。

在项目管理中,不可笼统地将所有的商务洽谈划分为"成交""不成交"两类,而应针对每个项目的情况分别思考并制定具体的策略,例如"现在处于销售流程的哪个阶段""是否得到了商务洽谈所需的全部信息""是否对客户可能提到的问题做了充足的准备""最终成交需要的资料是什么"。

这种情况下，Cerebrix 公司会对商务洽谈从准备到结束的全过程进行详细拆解，然后制订计划以推进每个流程，并针对每个流程中出现的问题（客户不买的原因）采取措施，将偏差控制到最低限度，从而顺利达成目标。

换言之，控制结果就意味着要控制销售流程。将每个项目的流程进行分解并逐一改正，便是通往成功的捷径。

第 1 章

思维模式："销售成功"最重要的 10 条法则

销售这项工作正在发生天翻地覆的变化。

在B2B（企业与企业之间的电子商务行为）销售模式中，充分利用数字化工具的销售、销售流程的分工制、线上商务洽谈在不断推进；在B2C（企业直接面向消费者销售产品和服务的商业模式）销售模式中，通过网页下单订购的购买者逐步增加，最近提倡"销售无用论"的声音也越来越多。

那么在B2B中，销售的介入价值也会消失吗？仅凭购买者在网上搜索，是否能够合理满足他们的需求呢？事实上，购买者能够接触到的大部分网络信息只与企业的市场销售活动有关，它们往往会被轻易淹没在垃圾信息的浪潮中。

然而，反对卖方优先的人会对销售人员的推销式沟通感到腻烦。现如今，购买者不需要只追求"自我利益"的销售人员，只需要"具有见面价值的人"。

那么，在瞬息万变的时代，销售人员应该具备什么样的思维模式呢？Cerebrix公司分析了众多"金牌销售"人员的行为方式和策略风格，结果发现，"成功的销售"和"失败的销售"在思维方式上存在根本性的差异。

建议你参照成功人士注重的思想和习惯，打造专属于你的销售风格。

法则① 不推销商品的优势和特点

首先,我通过一个问题先测试一下销售的适应能力。

请参阅图表 2。假设你是一位销售代理,负责销售具有各种优势和特点的高性能办公座椅。你的眼前有一位客户,如果我对你说"请你尝试销售这把高性能座椅",你将如何推销这个商品呢?

请你考虑一下。

图表2 你会如何推销这个商品?

- 品质安全(国产材料、国内制造)
- 曾荣获设计大奖
- 为办公空间增添奢华和时尚气息
- 依据5万名测试者的抽样数据进行的人体工程学设计
- 能够保持提高工作效率的坐姿
- 久坐不疲劳
- 调查问卷结果显示"与其他座椅相比更舒适"

如果你回答这个问题时想强调商品的功能和特点,比如"国内制造、安全品质""获得设计大奖""基于人体工程学的设计""不易损坏"等,很遗憾,你的回答不及格。

019

原因在于"有购买意愿的客户"才会被商品的特点和功能打动，而绝大多数的新客户销售是针对"没有购买计划的客户"进行销售的。向这类客户强调商品的优势，可以说是销售人员的自我满足。

这就好比你对意中人说自己有多么优秀，没完没了地炫耀自己一直以来多么受异性的喜欢。但事实上，这样的人不可能受欢迎。

当今时代，销售人员必须知道的一个大前提，就是商品的价值取决于客户。"好商品不愁卖"的时代已经一去不复返了。向那些对设计不感兴趣的人推荐产品有多么时尚，只会让他们离你而去。

如果不符合客户的价值标准，精心打造的商品将无人问津。

很多销售人员在"宣传商品优点"这一想法的驱使下，会自作主张地认为"宣传商品性能的优点对客户来说是最有利的"。

为防止这种情况发生，需要明确区分商品的"功能"和"特点"在客户心中的"价值"。

总之，图表3中，"功能""特点""优势""性能"是与商品相关的信息，而"价值"是让客户感受到的必要程度和标准，归根结底是与"客户课题"相关的问题。

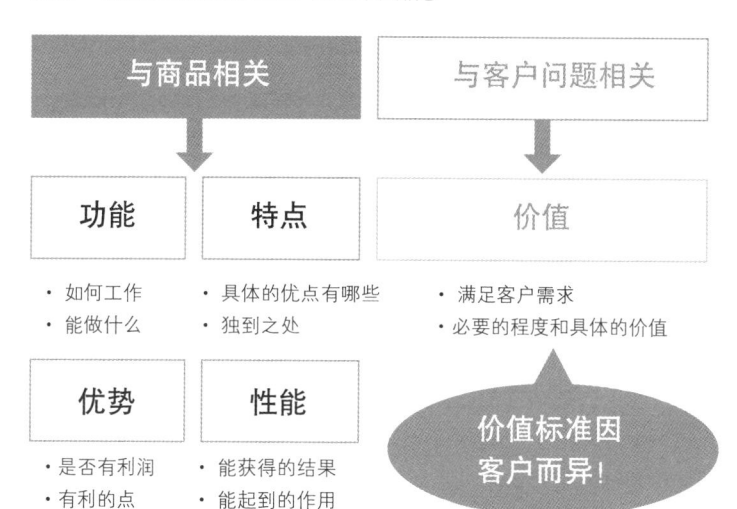

图表3　与商品相关的信息和与客户问题相关的信息

```
┌─────────────────┐      ┌─────────────────┐
│  与商品相关      │      │  与客户问题相关   │
└────────┬────────┘      └────────┬────────┘
         ▼                        ▼
┌──────────┐ ┌──────────┐    ┌──────────┐
│   功能    │ │   特点    │    │   价值    │
└──────────┘ └──────────┘    └──────────┘
· 如何工作   · 具体的优点有哪些   · 满足客户需求
· 能做什么   · 独到之处          · 必要的程度和具体的价值

┌──────────┐ ┌──────────┐
│   优势    │ │   性能    │      价值标准因
└──────────┘ └──────────┘      客户而异！
· 是否有利润  · 能获得的结果
· 有利的点    · 能起到的作用
```

总之，它们的"主体"不同。请阅读并对比以下两句话。

（1）该商品（**主体**）非常好

　　→**功能、特点、优势、性能**

（2）**客户**（**主体**）能够解决课题

　　→**价值**

如果你没有清楚地认识到它们之间的差异，你永远无法打动你的客户。

法则② 以客户为"主体"行动

很多人会带着"站在客户角度"的意识去做销售。然而现实中,能够始终坚持这种意识的人寥寥无几。因为当你身处销售现场时,"想把商品卖出去"的思维就会抢占你的大脑,结果就变成以自我为中心了。

做销售的重点是你要清楚客户想要的价值,并提出"始终满足价值"的建议。为了实现这些有价值的建议,我们需要注重日常培养和训练"以客户为主"的意识。

客户关注的重点是"购买建议",而不是"销售建议"。

举例如下。

×"这项名为××的服务很畅销,它已被多家公司选中,目前有促销活动。"

√"贵公司3年后的目标是实现在职员工人数翻倍,所以现在必须致力于○○,为此需要××。"

如上,销售人员应该考虑的不是商品的"销售方式",而是客户的"购买方式"。换言之,你应该考虑让自己成为一名"购物顾问"。

无论销售人员提出多么好的建议,最终是否购买还是得由客户决定。虽然每个人购买的原因千差万别,但是归根结底,客户"购买商品是为了明天比今天更好"。

总之,购买商品获得成功的应该是"客户",获得便利的也应该是"客户"。

当然,把客户作为主体,并不是说你要和客户的想法保持完全一致。身为销售人员,我们要为客户提出相应的建议,但是没必要把自己变成客户。

如果你没有弄清楚这条法则,我可以直白地告诉你,开展新客户销售也提高不了你的销售业绩。

如果你百分之百认同客户说的话,那么你就会变成一个"只会回答 Yes"的销售,只有想购买的客户才会找你下单。在这种情况下,客户眼中的销售人员不过是一个订单窗口,并不是他的合作伙伴。

我们有必要在沟通方式和表达方式上表现出最大限度的敬意。但是,如果想要认真解决客户的课题,就应该把该说的话都说出来,这种"考虑但不顾虑"的态度很重要。

法则③　由销售主导"发现课题"

销售人员必须具备"顾问思维"。如果客户说什么你就应对什么，满足于自己是一名言听计从的销售人员，请你跳过法则③。

新客户销售，尤其在传统销售中，仅具备听取问题的倾听技巧是行不通的，因为那些不想购买的客户想到的全都是"现在没必要花钱解决"（因此现阶段不会下订单）的问题或课题。

换言之，仅仅收集客户拥有的信息和声音是不够的。无论问题重复问了多少遍，客户依然找不到"现在购买商品的原因"，最终的结果只能令人遗憾。

甚至，我本来就对商务洽谈时客户口中的信息半信半疑。当然，我会很认真地听客户说，至于他说的是否是真的，我会持怀疑的态度去确认。

请你想一想：我们在商务洽谈中听到的信息和问题真的是客户平时认识到的正确课题吗？这些课题不应该是洽谈中一时兴起说出来的，也不应该仅仅是整个公司都意识到的，它们应该同时包含商务洽谈对象的主观感受。

在这种情况下，销售人员需要做什么呢？简单来说，就是在签约前为客户提供"咨询"。

说到底，新客户销售的成败早在提出解决方案之前就已见分晓，重要的是能否证明应该解决的课题以及与这些课题相关的"价值"。调研客户情况、提出问题和建议，从而发现和设置新问题，这些正是顾问具备的能力。

从以上观点出发，我们不能只是单纯地听取客户的要求，还应以"发现问题"或"锁定问题"为目标。

从某种意义上说，销售既是"确认对方价值标准的行为"，也是根据对方的价值对信息进行加工并提出建议的"信息处理产业"。

当我开始享受这种信息加工过程的快乐时，才真心喜欢上了销售这份工作。说销售是"伏笔回收"工作的确有些夸张，但它其实就是从商务洽谈前的准备工作和客户的发言中获得启发，再将商品信息加工成"烦恼解决方案"。

于是，"的确如此""确实，您说得对"……客户会给出很好的反馈。那个时候，我就像完美地拼好一幅图一样，整个人沉浸在兴奋之中，难以言表。

当然，你不可能从一开始就精准发现问题。我曾误以为咨询工作就是卖弄自己的专业知识，但客户斥责我说："我凭什么要听你说这些！"

现在回想起来，这其实很正常。当你向对方提出意见和建议时，才更不应该忘记考虑对方的感受。如果你们之间的关系不够密切，你这样做肯定会失败。这一点，我牢记于心。

甚至可以说，为了做好咨询工作，销售人员必须充分了解商品或服务的基本信息和附加信息。

这不是一项技能,它属于动机和记忆的范畴。首先,我们必须能够完整地描述出商品的基本功能和特点,以及客户实际使用后获得便利的使用案例和成功模式。

如果你不认同这一点,那么你现在还不适合学习销售技巧。请你在这一页贴上便利贴,现在马上合上书,加深对商品的理解。如果你不理解,就无法面对客户的价值诉求和咨询。

法则④ 重视"内部销售"

"工作的报酬就是工作。"我觉得这句话说得非常好,真正优秀的销售人员一定会得到好工作。

这既不神秘,也不唯心。因为任何人都不想遭遇不必要的失败,都想把工作交给自己能够相信的人。

换言之,为了控制销售结果,我们必须在信用的基础上建立良好的公司内部关系,以便被委以重任(重要的项目)。

很多人认为销售工作是个人战,其实并非如此。相反,一位优秀的销售人员能够把周围的人调动起来,而且还能让大家认识到这项工作有多么重要。

一路走来,我见过许多公司的内部参与模式:有的人善于体谅和拉拢同事;有的人亲和力强,深受领导和前辈宠爱;有的人在各个部门都有威信……虽然每个人追求的风格不同,但"内部销售(协助)"是带来工作成果的重要因素之一。不可思议的是,如此重要的技能却鲜少成为培训内容。

确实,销售人员身为领跑者要和客户面对面沟通,但正因为有很多的支持和帮助,他们才能前往销售现场。

某些情况下,销售人员也会为了获得订单勉强接受客户提出的交货期等条件。"要不要尽全力协助这位销售人员呢?"能否获得旁人的询问和支持,会对成交结果产生很大的影响。

特别是最近，越来越多的企业在销售活动中采用分工制。在获得一笔成交订单之前，销售人员需要与市场销售人员、内部销售人员（非面对面的销售人员，任务是获取客户预约）、销售支持部门、交货部门、招聘负责人等进行协作。

在这个前提下，请不要忘记，客户对公司和销售的评价也包括客服和后台的利害关系。听到客户的真实想法后，要积极地向公司内部进行反馈。提供反馈的销售人员和不提供反馈的销售人员，受到周围人的对待方式会有180度的大转变。

以前，前领导总是唠唠叨叨地对我说：

"你听好了啊，不要赚的钱超过自己的工资就满足了！你能有今天全是因为大家支持你。所以，你的工资必须超过你周围那些没有业绩的人的工资。

"挣到自己工资的3倍，才算你有真本事。"

这些话至今仍铭刻在我心中，也是我想告诉所有销售人员的一番话。

趁着这个难得的机会，我也想讲一下如何正确地与领导进行交流。

领导的时间是有限的。如果你平时向领导详细地汇报工作内容，那么在商务洽谈和攻克项目时，你会更容易得到领导的支持。在销售活动中，"得到有能力的人的协助"是控制结果的一大优势。

甚至可以说，领导只会把重要项目托付给他信任的人。也就是说，为了控制结果，你需要调整好自己的状态，确保自己能够承担起项目责任。

为了让自己能在关键时刻被寄予厚望,建议你从日常做起,努力构建良好的公司内部关系。

法则⑤　连接"品牌"这一纽带

　　重视内部销售的同时，在和公司外部的客户打交道时，每一位销售人员还必须意识到自己是一面"反映企业和商品品牌的镜子"。

　　品牌营销是一项"获取粉丝"和"展示竞争力"的投资，它的目标是"你希望买家如何看待你的品牌"。

　　但是，仅凭卖方单方面输出信息是无法创建出一个品牌的，销售人员必须弄清楚使用它的人最终是如何接受它的。无论企业在市场营销和宣传活动上投入了多少资金，只要最终面对客户的销售人员的沟通方式不符合品牌形象，那么这种印象就会变成"形象背叛"。

　　仅靠一位销售人员开发客户是绝对不可能的。开发客户必须有包括商品制造者、让商品得到客户认可的市场营销人员、购买后负责发货的出货人员等幕后支持者在内的团队成员的通力合作。

　　将他们每个人的优势最大限度地发挥出来，让客户享受品牌的乐趣，能有效解决因销售人员个人的言谈举止破坏商品在客户脑海中的形象的问题。

　　面对新客户进行销售时，无论是传统销售还是集客销售，客户很少会指定某位销售人员来对接业务。打电话的销售人员、回复邮件的销售人员、拜访客户的销售人员，客户对眼前的销售人员的认知决定了他对这家公司的印象和评价。

请你尝试想象一下。站在客户的角度，好不容易抽出时间约好了见面洽谈，结果来访的销售人员一直展现出"自己对本公司的商品没有感情、对自己没有信心、不愿意遵守承诺、诋毁竞争对手"的态度……如果对方给你留下这样的印象，你的心情如何呢？坦白说，这简直糟糕至极。

读者中可能有些人比较年轻或者没有什么销售经验，但是对于客户来说，销售人员无论是新手、缺乏经验，还是工作繁忙、业绩差，这些都和他没有关系——他根本不在乎对方的情况。

对客户来说，1小时的商务洽谈和谁谈都是1小时，因此想和优秀的人洽谈业务也在情理之中。

也许有人会说："我对自己的销售能力没有信心，因为商品销量不如预期。"有时候毫无根据的自信也很重要，但是如果没有成功销售或达成目标的经历，确实很难获得自信。

如果你属于这种情况，可以把建立自信放在后面。首先，我们要改变自己的思维模式。我们要对自己选择的公司和客户选中的商品充满信心，而不是对我们自己。

已经获得销售业绩的商品都是有某种依据的。"因为这个商品（公司）以前也被选中过，所以我们应该能够为新客户提供价值。"如果你能这么想，你自己也会更容易接受。

无论如何,作为一个品牌的代言人,面对客户时,你必须带着"自己是最好的销售人员(解决课题的伙伴)"的觉悟,迈上销售的舞台。

法则⑥ 在获得"信任"之前，先展示"信用"

如果有违背约定、辜负期待的行为，新客户销售是绝对不会成功的。换言之，新客户销售就是"新订单"。对新客户来说，从没有实际业绩的企业购买商品，保持慎重是理所当然的。

首先，除非你对客户来说是一个值得信任的可靠的人，否则他们不会和你谈论自家公司的实际情况。

我经常看到销售人员对客户提出一连串挽救信任的问题，比如"请您一定要相信我"。但这不过是个段子而已，你能从不想和你说话的人身上听到什么回答呢？

以下是 Cerebrix 公司调查销售场景中"降低客户信任感的行为和言论"的示例。如果你认为这些示例中的大部分项目说得很有道理，建议你多留意。

(1) 给客户留下不良印象的言行
- 第一印象令人感到态度不诚实或着装不整洁
- 谈论与商务洽谈毫无关系的个人隐私话题来暖场
- 不是互相对话，而是单方面输出
- 拐弯抹角或毫无头绪的提问较多

- 不调查信息（随意发言较多）
- 听人说话没有反应（听而不闻）
- 反应迟钝，不够迅速
- 汇报、联络、沟通的频率和内容不当
- 掩饰和借口较多
- 言行以自我为中心，不为客户考虑
- 对商品、案例等基本信息的研究不充分
- 言说举止中缺乏法律和安全信息管理意识
- 受到多次同样的指责或警告

(2) 销售人员不该有的言行
- 违反社会伦理和法律规范的行为
- 随意做出无法兑现的承诺
- 违背承诺
- 撒谎或欺骗
- 决定好的事情却半途而废
- 随意泄露其他公司的机密
- 不遵守时间（会议时间/交货日期/提交截止日期）
- 言论中缺乏对年轻购买者的考虑，态度傲慢
- 报价错误或企业名称有误等错字、丢字问题
- 丢失租借物品或分发物品
- 诽谤公司或公司商品
- 诽谤竞争对手和竞品
- 沟通不畅，不够圆滑

第1章 | 思维模式:"销售成功"最重要的 10 条法则

那么,如何获得新客户的信任呢?不要期望对方会突然信任你,请先让对方相信你,也就是展示自己的"信用"。很多人混淆了"信用"和"信任"的含义,两者的解释截然不同。

所谓信用,类似于信用卡的审查需要进行信用调查一样,是"调查你过去的业绩和情况"。大前提是存在的实际情况。

信任的来源则是依靠信用和实际情况,让对方"愿意把工作交给这个人"。换言之,信任是"针对未来的行为",是一种可能性,而不是实际情况。

"获得信任"或"建立信任"是很多销售人员的口头语,但是想让客户相信并依赖一个没有业绩的销售人员,首先必须做到"有信用或不失去信用"(图表4)。

图表4　展示"信用"之后才有"信任"

积累

信用 ← 信任

- 向客户提供有用的信息
- 适当的忠告、建议

- 接受建议
- 构建合作体系

信用:依据过去的业绩和实际成果,多以物质为标准
信任:关乎未来的前景和可能性,多以精神为标准

没有信用就不可能被信任

我将在第 4 章 "销售线索：如何打造决定成败的'有发展前景的项目'"中讲解展示信用的具体技巧。积累信用很难，但失去信用，往往只在一瞬间。

我也有过难忘的失败经历。

当时，我和某位客户进行商务洽谈时使用了"姑且"这个词，结果触怒了客户，他训斥我说："我们并没有抱着'姑且'这样松散的心态去应对！"我至今仍清楚地记得当时自己拼命解释的样子。

这件事让我学到了一点：即便你毫无恶意，你无意间说出的一个词语也很可能会导致你和对方的关系陷入僵局。

请记住，无论你的销售经验多么丰富，信任都建立在信用的基础上。如今，我身为购买者和客户进行商务洽谈的机会越来越多，但我发现很多销售人员还是会说出这种"漫不经心的话"。

切记，一句话就能反映出人的本性。

法则⑦ 操控"第一印象"

塑造形象是一种沟通策略。给人留下好印象，能在多大程度上降低销售的难度呢？大部分人并不知道其中的好处。

我见到过不少案例，业务骨干和资深员工要比新人更不容易意识到"过度自信"的问题。

此外，还有一个词叫"认知偏差"，很多人会因为个人常识和周围环境等多种因素做出不合理的判断。

举一个销售的例子。如果你面前的销售人员大量使用"也许""好吧""暂时"等模棱两可的词语，结果会如何？一旦客户给销售人员贴上"散漫"的标签，那么无论此后他的发言多么一针见血，对方也会认为他不过是想敷衍了事。

同样，印象的好坏和"彩色浴效应"——当人们有意识地去注意某一事物时，与其相关的信息便会自然而然地进入人们的视野——也有关系。

换言之，一旦有了坏印象，那个人的缺点就会越来越明显。相反，如果在早期就给别人留下了好印象，那么无论此后的发言和行动多么随意，好印象都会发挥积极的作用。

现在，你能明确想象出你在对方眼里（无论是线下的面对面，还是线上的非面对面）的表情是什么样子的吗？你能保持1小时的自然微笑吗？

根据我的经验,因为微笑需要调动大量的脸部肌肉,所以不锻炼是不行的。塑造形象的本质是"客观看待"。对方是如何看待你的?你要能够控制"自己想被怎样看待"。

说这就是个人品牌销售也不为过。销售场景中的"形象塑造"重点如下所示。

(1)如何在面对面销售中给客户留下"好印象"?
- 笑容清爽又亲切
- 发型无违和感,注重衣冠整洁
- 注意着装(确保西服无褶皱、领带长度适合、鞋子无污渍)
- 行动干脆,站姿得体,大方地交换名片
- 根据时间、地点、场合调整音量大小
- 态度诚实可靠,时常充满自信
- 一举一动都很有礼貌

(2)如何在线上销售中给客户留下"好印象"?
- 保持干净整齐的发型和自然的肤色
- 调整摄像头的位置,保持恰当的人脸与摄像头之间的距离
- 重视相机的性能而不是图片加工
- 准备一个音质清晰的麦克风
- 着装的颜色不与背景撞色
- 进入房间后,视线对着镜头点头致意

- 迟到后，趁对话的机会爽快地向对方问好
- 自己在倾听时尽可能多地微笑
- 附和对方（绝不能毫无反应）
- 在在线名称显示上多花一些心思（加上企业名称等）

因为第一印象只在最初见面的时候产生，所以后面不会再有同样的机会。

这些形象的塑造会随着日常生活中的意识变化而变化。做与不做，结果会在今后与客户的交流中产生巨大的差异。

法则⑧ "行动量"总是设定在最高档

被称为"金牌销售"的销售人员不仅对"质量"非常执着,对"数量"也很重视。他们重视"量大于质"的想法,并且自身有很强的"通过收集大量案例改善自己工作"的意识。

但是,金牌销售所在意的"数量"与盲目投入的数量是不同的,他们擅长基于"假设"和"根据"增加有意义的"数"和"量",利用销售活动来确认自己的方法是否存在问题。

Cerebrix 公司运营的网络媒体 Sales Ship 分享了该公司的金牌销售经验。我采访了几位金牌销售,发现那些表现出色的销售人员给自己设定的目标都高于公司给自己设定的目标。然后,他们会制订计划,将目标落实到具体行动上。

同时,他们习惯处理大量的"量"的问题,因此不会对数字感到痛苦和抵触。作为金牌销售,他们本能地会将行动量始终保持在最高水平。我认为,这与体育界常说的"把'理所当然'的事情做到极致"的道理是一样的。

当你把"量的影响力"实际运用到计算公式中时,就能切身感受到它的重要性了。

如果每天多打10通电话，假设工作日为20天，那么每月200通电话×12个月＝每年可增加2400通电话。

如果坚持3年，那么呼叫次数就会增加7200次；如果自己的约访成功率是3%，那么3年就会增加216次商务洽谈。

如果增加216次商务洽谈，假设自己的接单率是20%，那么成交订单量将增加43笔。

如果商品的单价为300万日元，那么43笔成交订单×300万日元＝增加1.29亿日元的销售额。

一天多打10通电话，按每天工作7小时来计算，相当于每小时增加约2通电话。这个目标稍微花点心思就能实现。

举一个极端的例子。如果一个人1小时多打2通电话，那么他和别人的业绩差就会达到1亿日元以上。金牌销售和普通销售的区别就在于"对细微差距的坚持和执着"。

法则⑨ 商务洽谈要选"该见面的人"，而不是"能见面的人"

优秀的销售人员心里很清楚，与客户见面的时间（纯销售时间）长短与成果成正比。这就是为什么要由利益相关者来决定工作任务的优先级和时间分配的方式，例如"是否由我自己完成""是否需要内部相关人员协助""是否涉及客户"。

这是我采访 Sales Ship 时听到的一个故事。大泽笃志先生曾在知名企业 Salesforce Japan 凭借销售能力荣获"年销售额世界第一"的美誉，他谈到了如何选择商务洽谈伙伴的问题。

记者问他："为了获得优质的商务洽谈机会，您会注意哪些问题？"

大泽先生回答说："我会特别注重与高管的商务洽谈。"

这个回答给我留下了深刻的印象。

"从商务洽谈中取胜的方法是和没有掌握信息的高层管理者见面，而不是约见善于倾听烦恼的普通职员。既要进行商务活动又要接受挑战的高层管理者自带课题，而他们的课题更有利于销售人员提出对经营有影响的建议。"大泽先生补充道。

对经营产生影响的课题天然具有重要性和紧迫性，而这正是在新客户销售中将"不买的客户"变成"想买的客户"的王牌手段。

也就是说，金牌销售会与"想见面的客户/该见面的客户"而不是"能见面的客户"进行谈判。因为他们不会选择眼前的安逸，他们的目标是拿下订单或者获得长远利益——"彼此成为解决课题的合作伙伴"。

如果你在做类似集客销售的响应销售，那么客户企业应该已经推出了购买活动或项目。因为经营层和现场推进工作的负责人所面临的课题是相互关联的，所以没必要强行跳过负责人（当然，如果你不了解会给经营带来影响的课题和商品导入前的目标，就无法提出最合适的方案）。

但如果你在做传统销售中的新客户销售，即便接触客户的难度提高了，你也要接触管理层决策者或与他们职位相近的核心负责人，关注经营层所面临的课题。

传统销售的新客户销售面对的大都是当下没有采购项目和预算的客户。换言之，如果和你见面的不是能提出新预算或建议的人，商务洽谈将无法进行。

综上，在新客户销售中，能否接近决策者提出的课题是决定成败的关键。

法则⑩ 将眼前的损失视为"财路"

最后一条法则是你的心态——要"把选择变成正确答案"。无论制定好的战略或计划多么周密,真正落实起来都不可能完全按照计划进行,这就是为什么我们要在最短的时间内尽可能多地行动、分析和执行,以便能在销售流程中不断接近正确答案。

重要的事情再说一遍,事情不能完全按照预定的计划进行。

迄今为止,哪怕是不断思考销售代理和销售战略、已经处理过 12000 多件商品的 Cerebrix 公司,也会多次修改销售清单和商务洽谈脚本(剧本)。

同时,商品所处的外部环境也发生了变化。每个购买者的需求都不同,销售中的变数太多了。

而且,客户企业中一定有不少"无论你怎样努力都不会购买"的企业。

如果你眼前面对的客户就是一家不会购买的企业,那么你不如换个思路。例如,你可以尝试向客户提出几个问题:"当您听到我的提议时,您是怎么想的?""您能不能给我一些建议,告诉我怎么做会更好?"

在未来继续坚持销售活动时,请你尽量收集有利于控制销售结果的启示,比如"征兆"和"不买的原因"。

不,倒不如说你必须收集这些信息。

如上所述,销售也是一种确认行为。销售人员可以直接与客户见面,直接询问。

换言之,有一条"财路"正摆在你的面前,它能让明天的销售工作变得更轻松。尽管如此,还是有很多销售人员不愿意踏上这条财路,只是一味地重视眼前的成交订单,或是重复赔本的销售行为。在销售工作中,不成交并不意味着失败。我们可以认为,这是为了接近正确答案而进行的详细检查。

第 2 章

预约：在无法见面的时代找到新客户的方法

即便你有出众的销售能力（倾听能力和建议能力），遇不到真正有需要的客户，这一身本领也毫无用武之地。

因为无论你再怎么擅长商务洽谈，也总会遇到不买账的客户，所以找到有需求的客户才是最重要的，这就是所谓的"探客能力"——在合适的时机进行销售。

因此，你一定要用心维护目标清单。花100小时维护清单，这是"投资"；花1000小时在错误的销售上，这是"浪费"。

你必须积极思考如何与客户建立联系，如此才能长长久久地留住客户。

新环境下的销售规则

2020年,新冠疫情席卷全球,新客户销售环境也由此发生了巨大变化。

一直以来,我们在洽谈新客户的时候都会选择电话预约、上门拜访的方式,但这些常规做法都随着新冠疫情的到来而变得难以执行(不再作为推荐选项)。

图表5是Cerebrix公司做的一项调查,目的是了解新冠疫情暴发以来各家公司在销售方面所面临的难题。

图表5 新冠疫情暴发后的"销售困扰"

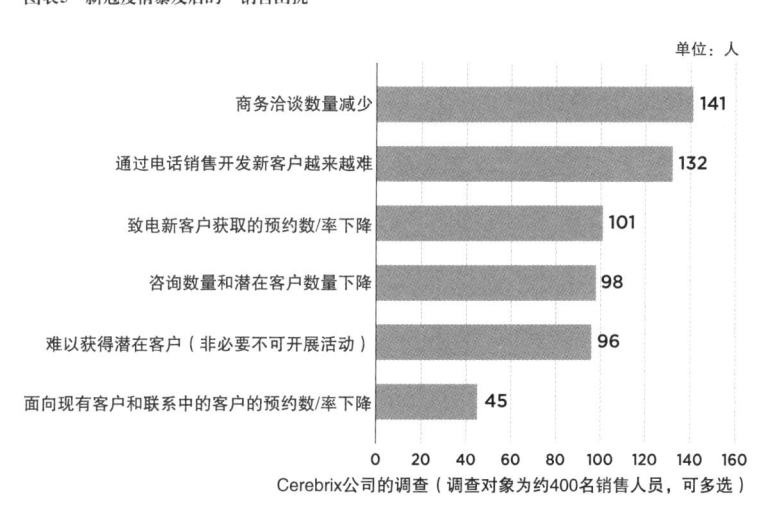

单位:人

销售困扰	人数
商务洽谈数量减少	141
通过电话销售开发新客户越来越难	132
致电新客户获取的预约数/率下降	101
咨询数量和潜在客户数量下降	98
难以获得潜在客户(非必要不可开展活动)	96
面向现有客户和联系中的客户的预约数/率下降	45

Cerebrix公司的调查(调查对象为约400名销售人员,可多选)

从图表5可以看出，很多公司认为需要推进新客户销售以弥补现有客户订单量下降的问题。

与此同时，新客户销售中的预约客户、获得商务洽谈机会的难度也在不断增加。想必大家都对此感同身受吧。新冠疫情下，人们更多地选择了居家办公、远程办公、错峰上班等工作方式，所以经常会出现电话联系不上客户方负责人的情况。

此外，随着居家办公人数的增加，越来越多的企业开始采用"代接听来电"的方式。在新客户销售中，想要通过电话与客户建立联系的难度自然也就随之加大了许多。

对于经营者和销售人员来说，预约客户绝对是一件生死攸关的大事。虽然并不会因为预约不上客户就失去所有的订单，但这绝对会成为一种精神上的折磨。

但是也无须过分焦虑，因为这并不意味着不再有客户购买商品。客户改变的是购买前的决策过程以及与销售人员的沟通方式。

在本章中，我将介绍在见不到（很难见到）客户的情况下与之建立联系、创造商务洽谈机会的技巧。

只要你能找到获得与客户洽谈机会的方法，就一定能冲出重围、拔得头筹。

"探客能力"远比"销售能力"重要

接下来我要告诉你一些非常重要的事情,请你务必记住。

对于新客户销售中的结果控制而言,重要的不是你的销售能力,而是你的探客能力。与其花时间去学沟通术之类的销售技巧,不如把时间花在"攻克列表"的维护上。

如果公司对内部销售(获得商务洽谈的机会)和现场销售(商务洽谈)有着明确的分工,那么二者应该展开更加紧密的合作。

确实,如果你掌握了优秀的销售能力,是可以让一些客户从"不买"转变成"想买"的,但也只有"一些"罢了。在新客户销售中,你所面对的大部分客户都是十分坚决的"不买"者。正因如此,我们更要积极寻找那些正好有需求或有可能购买的客户。

所谓探客,指的就是"寻找有高需求可能性的潜在客户"的行为。

将这种行为想象成"钓鱼",或许更便于你的理解。如果将"钓到某种鱼"设定为我们的目标,那么哪些因素会影响成功率呢?准备好鱼饵、购入昂贵的钓鱼竿、好好磨炼钓鱼技巧……当然,这些都很重要,但最主要的难道不是找一个"饥饿鱼群聚集的地方"吗?这和业余爱好者也能在鱼塘里钓到鱼是同样的道理。

迄今为止，我直接或间接担任销售代理或咨询顾问的公司已经超过了100家。接下来，我就举其中一家安防公司（以下简称"A公司"）的例子来说明探客的重要性吧。

A公司的历史十分悠久，在划痕检测和异物检测的专业领域深耕了50多年，拥有十分先进的技术，却在进入安全领域的速度方面落后于人。后来，该公司成功借助既有的"探测"技术，推出了一个划时代的新系统——可以将探测范围扩大到2米的出入场管理系统。

即便是在往来人员不固定的场所，只要有携带特定IC标签的人路过，系统就会检测出其"出/入场过"并留下日志。但如果有没有携带该标签的人试图通过，系统就会自动发出警报，阻止通行。

遗憾的是，该系统发布1年后，订单数量依旧为零。最大的原因正是没有展开正确的探客活动。

A公司最初的目标中并未设定明确的需求和假设，所以即便销售人员打电话推销商品，也只会得到"我现在并没有这方面的困扰""我并不需要这类商品""我们和安保公司已经有合作了，暂时不需要"等回复，几乎预约不到客户。

即便预约上了，也无法通过洽谈收集到客户最真实的需求，结果自然找不到目标、做不出需求列表。换言之，A公司一直在做一些徒劳无功的事情。

A公司委托我做销售代理后，我提出的第一个建议便是着手进行探客活动。

一开始的设想是面向人流量大且复杂的仓库、医院、制造业工厂等介绍商品,却忽略了从"进出管理的重要性"和"立即导入系统的紧迫性"两方面切入,引发客户的共鸣。

如果将目光转向外部环境和社会焦点,就会发现在那个时期,"异物混入"是食品行业最关心的问题。异物混入不都是制造过程中的故障和问题所致,也可能是一些别有用心之人故意为之。

后来,我们从"防止外来人员入侵"的安全角度出发,聚焦于食品安全对策的必要性开展了销售活动。聚焦于食品行业的做法可以让客户产生"对食品安全的期待",与此同时,我们也成功收集到了各家企业正在做的事和没能做的事的生动案例,对市场的趋势也有了更加深入的了解。

如此一来,得到预约也就成了顺水推舟之事。一般来说,在新客户销售中,能够成功预约到客户的次数为呼叫次数(响铃次数)的2%~3%,而我当时的预约成功率超过了10%。自从我与核心负责人取得联系后,我的预约成功率更是超过了50%。

你是否对优化目标选择的必要性有足够的了解呢?

只有深入理解客户的诉求、找到客户真正的需求,才能在电话、电子邮件或信件中提出让对方大吃一惊的建议。

探客的本质在于"只要你的公司还在运营,探客就会一直持续下去,永不停止"。

每当全球环境改变,优先目标也会随之发生变化;一旦竞争对手对销售机制和商品进行了强化,目标清单的创建标准就会发生变化。

销售获胜法宝——"目标清单"的制作方法

能否在新客户销售中做出成绩，关键在于"目标清单"，所以我才不断重申："如果不认真制作目标清单，就别指望能在新客户销售中做出成绩。"

如今，能够自动生成"目前热门的销售目标清单"的销售工具正如雨后春笋般不断涌现。这很容易理解，因为每个人都知道，优秀的目标清单直接关系到最终的销售结果。

但目标清单并不是一劳永逸的，我们必须对它进行定期检查和维护，确保它始终处在"立即能使用"的状态。

为此，需要同时具备图表 6 中所述的"目标清单 4 大要素"。这是新客户销售能否得到结果的决定性因素。

这 4 个要素非常重要，我希望你能拍张照片作为电脑桌面。接下来，我们逐一进行了解。

①目标清单中的"精度"

精度是衡量客户需求（对方想要什么）与提供价值（商品能提供什么）的匹配程度的指标。简而言之，就是销售人员要问自己："按照这份清单，我能卖出去商品吗？"

销售人员在清单中罗列目标时，一般都会参照企业属性。公司规模、行业、注册资金等信息都可以轻易通过购买或从公司主页获取，并且很容易进行分类。

图表6 目标清单4大要素

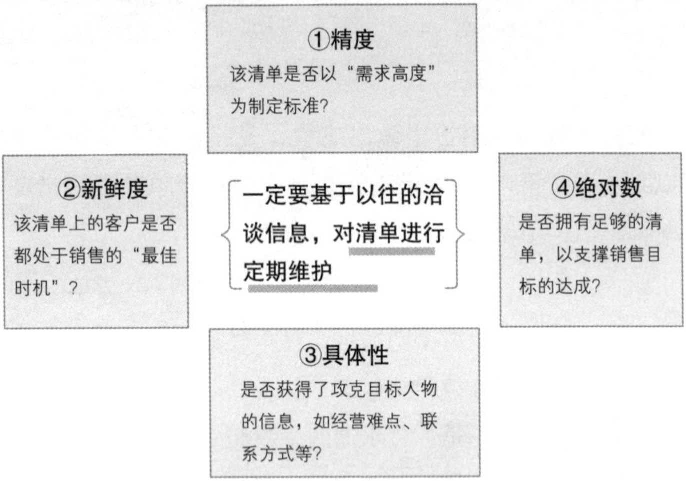

①精度
该清单是否以"需求高度"为制定标准？

②新鲜度
该清单上的客户是否都处于销售的"最佳时机"？

③具体性
是否获得了攻克目标人物的信息，如经营难点、联系方式等？

④绝对数
是否拥有足够的清单，以支撑销售目标的达成？

一定要基于以往的洽谈信息，对清单进行定期维护

但是，如果想精准找到更有价值的目标，就必须明白"购买动机=客户需求"。

假设你从事的是人力资源中介服务的业务，并将客户目标设定成那些"用更专业的招聘，不断提升员工满意度的公司"，如果只是按行业、地区、企业规模来寻找符合这个目标的公司，那么许多并不注重招聘的公司就会进入我们的清单中。而实际上，这些数据都是无效的。

这样的目标清单处于"缺陷状态"。

如果是我，我会选择参考"求职/跳槽评分网站"并在公司评分项目中选择那些在待遇和企业风气方面分数较高的公司，以及那些比较重视"工作方式改革"的公司。得到最真

实的信息后，就可以做出匹配对方需求的假设了，例如"这家公司非常关注工作方式的改革以及员工满意度的提升"。

此外，客户需求再大，只要自己公司的服务无法满足该需求，就做不出高匹配精度的清单（这一点很重要，如果客户有销售测试，就会出现问题）。

例如，我们将可提议的商品或服务设定为"适合员工数量为100名以上且非常注重招聘的公司"，但实际上，清单中的部分公司仅为员工数量为20人左右的公司，那么无论这些公司有多大的困扰或需求，都会出现商品或服务不匹配的问题，自然也就很难接到客户订单了。

在这种情况下，我们就要添加"待遇好、企业风气评分较高、公司员工数量超过100人"的条件以提升客户需求与可提供价值之间的匹配精度。

当然，也有人表示，基于需求罗列清单是一种非常低效的做法，不像企业属性、区域属性那般容易划分，因此需要耗费很多人力、时间来获取所需的信息。

但实际上，致电或发送邮件给错误的销售对象不是更浪费精力和时间吗？

花100小时维护清单，这是"投资"；花1000小时在错误的销售上，这是"浪费"。

如果我们能面向真正有需求的客户进行推销，就能减少不必要的拒绝，自然也就能有效提升销售的效率了。

②目标清单中的"新鲜度"

都说"新鲜度是烹饪的灵魂",这个理念也同样适用于销售活动。就像厨师会为食客端上当季的美味食材一样,销售也应当在购买可能性高的时机为客户提出建议。

保持目标清单的新鲜度,意味着要不断更新"季节性(最新状态)",即依据接触点和调查信息,对清单进行维护(更新)。

举个例子。在维护清单的时候,要注意核心负责人的信息。

假设你此次的销售目标是"Cerebrix公司的总务、人事部长佐藤",但因为最近Cerebrix公司正处于人事调动期,所以这位佐藤先生被调去了其他部门。很显然,如果不及时更新核心负责人的信息,这就成了一份"落后"的清单。

再假设Cerebrix公司在这段时间成立了一个"工作方式改革推进委员会",如果销售人员要推销的是与工作方式改革相关的商品,那么应该攻克的对象就不再是总务或人事部门,而是工作方式改革推进委员会了。

此外,成立工作方式改革推进委员会也意味着该企业到了决定投资的时刻。解决问题的重要性和紧迫性都被大大提升了,这也就意味着该公司更愿意接受有价值的建议。

所以总结起来,想要保持清单的"最新状态",就要针对"我应该在什么时机进行销售"这个问题进行调查和记录。

例如,你致电Cerebrix公司,希望能够预约到上门拜访的

图表7 调查最新信息,不断更新清单中的公司信息

模拟调查	**销售人员直接询问** 通过电话或邮件直接询问决策者、核心负责人等	**获取公司信息** 可以通过公司的新闻稿和新品发布会咨询并掌握客户的销售活动
	结合模拟调查和数据调查,找到销售的最佳时机	
数据调查	**销售术** 充分利用资料阅览服务和销售自动化等工具,及时掌控客户动态	**使用提醒功能** 利用提醒功能、简报服务、人事调动服务、名片管理服务等工具自动捕捉信息

时间,而对方却告诉你:"不好意思,我们刚刚续签了同样的服务合同,今年不会再考虑了。"

这个时候你千万不能就此放弃说"好的,我明白了",而是要继续问:"那么,下次续约是什么时候呢?""贵司大概什么时候开启新一轮的讨论?""在什么情况下您会考虑换一家合作公司呢?"

只有获取足够多的信息,才能弄清楚什么时候是"最佳销售时机"。

我所在的 Cerebrix 公司将这些明确了"何时讨论"和"为何讨论"的潜在客户称为"SOL"。

SOL 是 Sales Opportunity Lead 的缩写，意思是"购买时机十分明确的潜在客户"。

从某种意义上说，新客户销售的决胜因素就在于能获得或能创造多少 SOL。得到一张包含大量 SOL 的目标清单，你就有更多机会在恰当的时机攻克某家公司。

这就是为什么我常说"探客能力"远比"销售能力"重要。销售的成败取决于能否把握时机。

③目标清单中的"具体性"

此处的"具体性"是对得到攻克潜在客户目标的"信息量和详细资料"的一个衡量尺度。

记录不够具体的情况下，清单里只会呈现"人事负责人为××先生"这类笼统的信息和一个总机号码。

记录具体的情况下，则一般会包含以下潜在客户的信息：

工作方式改革推进项目的负责人为××部××科的佐藤○○；

分机号码为 03-○○○○-○○○○；

邮箱为××××@○○○○；

在企业口碑网站上的综合得分为 3.5（其中，企业待遇方面得分为 4.0，企业风气方面得分为 3.9）；

正在招聘或全年招聘；

在《员工满意度高的中小企业 2019》中排名第三；

等等。

哪种方式更有助于攻克潜在客户,我想就不用多说了吧!

攻克目标公司的规模越大,洽谈方式和成交的可能性就越受"联系的人"的影响。如果对部门、决策者(包含其决策方式)以及核心负责人(可以向决策者提出建议的人、可以推动导入工作的人)没有一个大致的概念,就不知道自己到底应该攻克谁,那就永远得不到与客户洽谈的机会了。

所以在搜集信息的过程中,应具体到名单来源(从哪里买到的信息)、公司名称、联系方式(总机/分机/邮箱)、经营范围、经营品类、核心负责人信息、类别信息(企业属性/区域属性/购买动机/相关性)以及面临的经营课题等。

每家公司的部门或具体负责人可能都面临着不同的需求和课题,所以应尽量搜集每个潜在客户的详细信息。

在传统销售的新客户销售中,很难仅用一通电话、一封电子邮件或一封信件就拿下一家公司(潜在客户),一般都需要在一个时间段内多次接触客户,所以在不同时间展开销售已经成了销售人员的一个基本习惯。因此,销售活动开始之初,就要为这份清单搜集到足够详细的资料。

每次打电话前先看一眼对方公司的网站,这其实是最愚蠢的做法。比如今天打了一通电话,但并没有联系到相关的负责人,于是明天接着打电话,又看了一眼对方的网站,这种做法无异于画蛇添足。

若能在一开始就记录好目标清单所需的具体信息,就不需要这样一遍又一遍地确认对方的情况了。只要在第一次查看对方网站时,在目标清单上做好记录就足够了(但是,如果两次的致电时间间隔较长,还是需要在网站上查看最新信息并对清单进行维护)。

④目标清单中的"绝对数"

最后一个要素是"绝对数",它是用于衡量当前的清单数量是否满足实现目标所需要求的一个尺度。或许很多销售人员听到后会觉得"这是理所当然的",但事实上他们并没有意识到这一点的重要性。我就经常听到很多人叹气说:"目标清单不够啊……"

对了,如果问你:"为了达成目标,你需要多少清单?"你能马上回答出来吗?如果回答不出来,那就和带着一个不知道还剩多少氧气的氧气瓶去潜水没什么两样了。

公司、商品、商品特性等都会影响计算结果,不过只要足够了解计算公式,制订销售计划就不会再是难事了。

接下来,我将简单介绍如何计算所需的清单数量。详细的计算方式请参照图表8。

请注意,这只是一种计算方式的参考,比较适用于传统销售的新客户销售不限定目标企业规模的情况。

如果是仅限于大公司的销售活动,那么清单数量就会受到限定,呼叫次数等指标自然也会受到影响,所以不一定都适用下述计算方式。

图表8 如何计算所需的清单数量

① 销售目标÷成交单价=所需订单数量

例：目标1亿日元÷单价1000万日元=10件

⬇

② 所需订单数量÷项目成交率=所需项目数量（有效洽谈数量）

例：10件÷订单率60% (0.6) =17件（小数点后四舍五入）
*建议将项目成交率设置为60%

⬇

③ 所需项目数量÷洽谈项目率=所需洽谈数量

例：17件÷项目率30% (0.3) = 57件（小数点后四舍五入）
*建议将洽谈项目率设置为30%

⬇

④ 所需洽谈数量÷预约洽谈率=所需预约数量

例：57件÷预约洽谈率 90% (0.9) = 64件（小数点后四舍五入）
*建议将预约洽谈率设置为90%

⬇

⑤ 所需预约数量÷接触预约率=所需接触次数

例：64件÷接触预约率15% (0.15) = 427件（小数点后四舍五入）
*建议将接触预约率设置为15%

⬇

⑥ 所需接触次数÷接触率=所需通话次数

例：427件÷接触率 15% (0.15) = 2847件（小数点后四舍五入）
* 建议将接触率设置为 15%

⬇

⑦ 所需通话次数÷每家公司平均通话次数=所需清单数量

例：2847件÷通话次数5次=570个清单（小数点后四舍五入）
*一般而言，每家公司的平均通话次数为5次综上，这份"助力成交的目标清单"主要由 4 个要素组成且缺一不可，但其中对销售结果影响最大的是精度和新鲜度。因此，要在平衡目标清单中的精度和新鲜度的同时，确定销售活动的优先顺序。

在销售领域有一个专业术语——"用户画像"，指绘制出一个想象中的目标客户形象。不过我认为，新客户销售中倒也无须太过执着于用户画像。与其花时间去设计一个虚拟人物，倒不如把这个时间用在调查每个目标公司内的目标人物以及打听他们的姓名上。

"与客户建立联系"的4种新方式

生成高精度的目标清单后,就能开展新客户销售了。不过随着B2B型市场销售的不断进化和销售术的不断发展,接触客户的方式也在不断发生变化。

但这并不意味着一切都改变了。例如,"约不上客户,就没有洽谈的可能性""没有完美的预约,就没有顺利的洽谈"就依旧如故。

在擅长新客户销售的公司中流传着"成功预约到客户的人最伟大"的说法,这不只是对内部销售人员的赞美,也是最能体现销售本质的一句话。

那么,究竟可以采用哪些方法与新客户取得联系呢?接下来,我将做一个简要的整理(本说明仅限于直接面向客户或购买者销售的情况,不适用于代理商等的销售场景)。

目前,在销售场景中接触新客户的4种主流方法如下。

①传统销售
②集客销售
③社交化销售
④ABM(目标客户销售)

接下来,我将分别说明如何建立与客户的联系。

①传统销售

传统销售正是本书的主题,这是一种通过推式销售来开拓新客户的销售方式。但这种情况面对的大都是并无购买意愿的客户,所以难度极高,销售人员面临着严峻的考验。

为了推销某些商品,销售人员可能要花费集客销售5倍之多的精力或成本,也需要花费更多的时间与客户洽谈。

即便如此,传统销售也是必不可少的,因为这会对公司的经营战略以及发展计划产生深远的影响。最具代表性的场景就是新业务开拓期或创业初期。如果没有几件拿得出手的代表性订单或案例,那么即使在营销上投入再多的资金,也很难在商务谈判中获胜。

对日本人而言,"业绩不佳、案例不足"绝对是一个硬伤,会成为让客户不安以及决定不购买的原因。

除了创业初期之外,经营扩张期或行业扩张期也需要采用传统销售的方式。因为想要实现扩张,就不能仅靠有购买意愿的这部分客户。

企业客户往往不是因为想买某家公司的商品而选择购买,而是因为"某家公司一直在向本公司推销,所以最终接受他们的提案了"。

由此可见,想要扩大市场占比,就不能只守着现有的客户群体,而应该通过营销活动来找到更多的新客户。

②集客销售

集客销售是指通过公司的营销活动获得反馈的销售方式,

即通过广告、公关、直销、内容营销等多种沟通方式，与感兴趣的客户建立联系。

例如，日本2010年前的数字销售策略，一般都是在SEO或Listing等搜索引擎的顶部投放网页广告，目的是适应买家的"搜索"行为。

而到了2010年后，内容营销逐渐兴起，其目的在于快竞争对手一步与客户建立联系，并在潜在客户有购买意愿之时立刻与之展开商务洽谈。随着远程办公人数的增多，许多公司都加强了自身的内容营销，以便获取居家办公的潜在客户信息。

如今，随着各式各样的毫无营养的信息铺天盖地地袭来，人们逐渐无法区分出究竟哪些是原创内容，哪些是垃圾信息。

③社交化销售

第三种方式是"基于社交（人际交往）的销售方式"，也是最近备受关注的一种方式，其目标是通过SNS（社交网络服务）、社区、人脉网等人际关系来获得商务洽谈的机会。

社交化销售的对象是"人际关系"，既可以采用传统销售（推式销售）方式，也可以采用由客户主动发出邀请的集客销售（拉式销售）方式。

其实这种做法归根结底就是一种"人脉销售"，算不上什么新鲜事物。然而，SNS、在线沙龙等新型社交方式的出现，让社交化销售发生了转变。

随着SNS的普及，如今，人们可以轻易与素未谋面的人建立联系，交流方式也变得更加灵活。

但是，试图通过消耗人脉来换取利润是一种非常低俗的做法，不仅对销售成功毫无帮助，甚至还会损伤个人的声誉。在基于人际关系的销售中，一定要明确客户需求和接触原因，绝不可漫天分发广告或见人就推销。

④ABM（目标客户销售）

最后再来说说ABM。简而言之，ABM指的就是"瞄准一家目标公司，与之建立联系，通过营销活动尽可能提升该公司订单数量的方式"。

传统销售的新客户销售面对的是较为广泛的市场，所以我们会更关注为了获得洽谈机会而付出的成本及效率，如每种目标属性的接触率和预约获取率。但ABM面对的是限定目标，因此相较于追求接触率和活动量，能否获得洽谈机会更为重要。

ABM并不仅限于新客户销售，它的销售目标还包含老客户。

与客户建立联系、合作项目的方法多种多样，可以采用打电话、写信给核心负责人的传统销售方式，也可以采用建立人际关系以获得商务洽谈机会的社交化销售方式。

以上我从4个方面阐述了如何与客户建立联系，不过这些方法都会随着时代的发展而变化，设计方法也各有不同，所以难以进行明确的归类。

希望销售人员能通过对这些方法、类别的适当组合，形成一种自己独有的销售方式。

　　首先,请将所有的注意力都放在"如何创造更高'精度'和'新鲜度'的洽谈机会"这个问题上。

不会成为"不速之客"的智能传统销售

好了,是时候向目标清单上的客户展开传统销售了。

但是,我们会得到什么结果呢?

我们把时间假定为新冠疫情期间。哪怕在疫情来临之前,传统销售的难度也是居高不下的,更别提居家办公后,核心负责人经常不在公司的情形了。就这个状况而言,传统销售只会变得越来越难。

而且,传统销售人员给大部分人的感觉依旧是"低俗""脸皮厚",因为他们的思维还停留在那种拼命打电话推销商品的时代。

确实,我也觉得这种销售方式没有紧跟时代发展的步伐,正因如此,传统销售人员需要不断提升专业性,需要掌握依靠智慧得到预约机会的专有知识。

在此,我想告诉大家一个"好消息"——"智能传统销售"已经诞生了。

各位只需要做好两件事:第一,在客户有需求之前给予帮助;第二,研究购买时机。

传统销售最困难的地方在于,大多数销售人员都是"不速之客"。说得极端一些,他们的行为在新客户看来简直是一种"骚扰"。

当然，这个问题并不仅限于新客户销售。比如参观展会并留下手机号后，很快就会有人打来推销电话；交换名片或从公司主页上下载资料后，也会收到一堆莫名其妙的推销邮件。这些都会让人觉得无比厌烦。

尽管你很想停止自动接收电子邮件，但前方等待着你的又是无比麻烦的各种手续，任谁都会觉得"太麻烦了"。

可见，传统销售是以销售方的意志为主的，所以对于客户而言，一定会造成或多或少的困扰。如此一来，"客户听也不听就直接挂断了""客户不看邮件正文就直接丢进垃圾箱了"，也就成了必然的结果。

那么，如何才能避免这些问题的发生，做到智能传统销售呢？

我们追求的智能传统销售，关键有三点："不被人嫌弃""不盲目出手""不强行推销"。想要做到这三点，就必须找到对客户而言"正好！我太需要你了"的最佳时机。

是的，时机对传统销售而言就是一切。那么，我们该如何把握客户的购买时机呢？这就不得不提到"在客户有需求之前给予帮助"和"购买时机研究"这两点了。

接下来，请你对照图表9来阅读。在这张图表中，我将从"获得预约"这个目标出发，进行反推。

获得预约之前，要先"获得SOL"。

想要抓住销售的好时机，就必须了解客户需求出现的时机

图表9 过去的传统销售与智能传统销售的区别

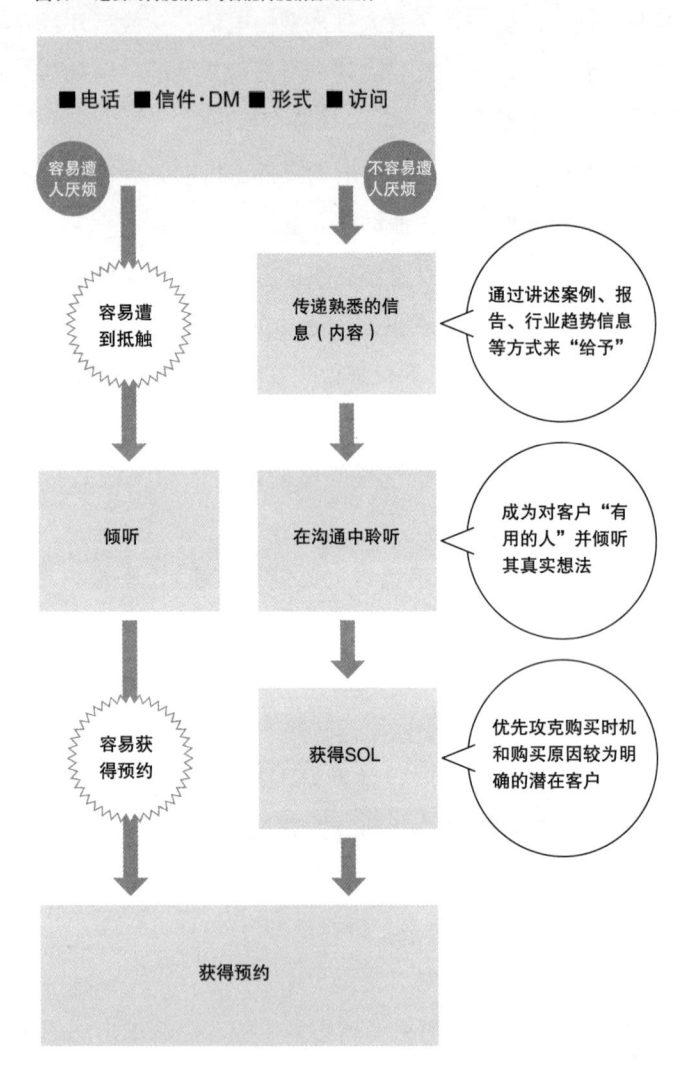

■电话 ■信件·DM ■形式 ■访问

容易遭人厌烦 → 容易遭到抵触 → 倾听 → 容易获得预约 → 获得预约

不容易遭人厌烦 → 传递熟悉的信息（内容）→ 在沟通中聆听 → 获得SOL → 获得预约

- 传递熟悉的信息（内容）：通过讲述案例、报告、行业趋势信息等方式来"给予"
- 在沟通中聆听：成为对客户"有用的人"并倾听其真实想法
- 获得SOL：优先攻克购买时机和购买原因较为明确的潜在客户

及原因。换言之，就是关注购买时机和购买原因较为明确的潜在客户。这一点我在上文中也曾提到，Cerebrix 公司将其称为"SOL"。

那么，要如何获得 SOL 呢？最重要的是与客户进行真实需求的沟通。

最具代表性的沟通方式是电话。如果不方便打电话，也可以选择电子邮件或聊天等沟通方式。问卷调查也是一个不错的方法，只可惜一般来说，问卷调查的内容都比较单一，回答内容也会受到选项的限制。如果参考这个结果来展开销售，很可能根本抓不住正确的购买时机。

若能掌握更多真实、详细的信息，就能掌握更加精准的购买时间，那么销售自然也就变得更智能了。因此，想要提升沟通的效果，就要挖掘出藏在语言背后的真实声音、真实情况。

但是，这里又出现了一个新的问题。如果你在某一天接到一个陌生人的电话，问了你一大堆问题，大有刨根问底之势，请问你作何感想呢？

是不是会感到不舒服，觉得"我没有义务回答你这些问题"。人们都喜欢向自己信任的人倾诉，而非常不愿意被陌生人询问。

所以，销售人员要先成为对客户而言"有用的人"。

请参照图表 9 中的"传递熟悉的信息（内容）"。作为销售人员，要想实现与客户之间的愉快沟通，首先要"给予"客户关心的内容，或客户觉得有价值的内容，这样才能成为客户信任的人。

过去的传统销售采用的一直是"一见面就开始推销"的方式，而智能传统销售采用的是"为客户推送有价值的信息，从而获得 SOL"的方式，这就是二者最大的区别。

先为客户提供价值（输出信息和内容），再与之建立关系，这种销售模式被称为"Give 模式"（给予模式）。请大家务必从无目的的撒网式销售中走出来，用"Give 模式"实现智能传统销售。

利用沟通术，成为对客户而言"有用的人"

上文中，为了便于大家理解，我从预约阶段开始回溯，对"Give 模式"进行了说明。也就是说，实际操作的过程其实是相反的。

① 采取行动（打电话/发邮件/填表/写信）
② 联系（与核心负责人或决策者取得联系）
③ 给予（Give）有用的信息（内容）
④ 倾听真实的需求（听取有关自己商品的信息）
⑤ 获得 SOL（购买时机和购买原因明确的潜在客户）
⑥ 适时销售

以上是实际操作中的顺序。接下来，我将按照这个顺序，对"Give 模式"的销售方法和使用方法进行说明。

以前文提到的安防公司（A 公司）为例。在这家公司面临"入场管理系统的销量不如预期"的问题时，我们应该如何为其构建 Give 型销售模式呢？

首先，我们来模拟一次电话销售沟通。

沟通示例

"您好，我是某某株式会社的今井，主要从事食品安全和信用方面的调查及建议工作。我们公司目前正在向食品行业的相关企业发送一份报告，内容主要是对"各企业为食品生产安全做出的努力及国家补贴情况"的总结。我也想发给贵公司一份，请问您愿意接收吗？"（Give）

（对方表示愿意。）

"谢谢您。我将为您发送电子版的报告全文，可否告诉我您的全名、邮箱地址、部门和职务呢？"（研究）

对话可以到此结束，但请别忽视隐藏在这背后的机会。因为到此为止，我们并不知道发送资料后是否能与对方顺利建立联系，所以应该趁热打铁，继续获取信息。

沟通示例

"我将基于贵公司的情况修改一份符合您需求的资料，所以可否占用您 1 分钟左右的时间，回答我几个问题呢？感谢您的配合与支持。"

神奇的是，只要你表示会提供资料，对方大概率就会耐心回答你的问题。觉得你有价值后，接到电话的人中，愿意回答后续问题的人约占 70%~80%。

我们先抛出了有用的信息（Give），客户自然也就不会抗拒了。这被称为"互惠规范"（一种愿意帮助那些曾经帮助过自己的人的心理状态）。

如果对方愿意回答问题，那么我们就可以通过问题来慢慢探索成交的可能性了。例如，我们可以询问以下问题。

> **沟通示例**

① "现在大家都很关心食品行业的异物混入和食品安全问题，请问贵公司对这个方面是否也感兴趣呢？"

② "您最在意的是哪方面呢？"

③ "针对食品安全问题，贵公司是否采取了什么措施（不需要太详细）呢？"

④ "您对目前的措施是否满意？是否有进一步强化的想法呢？"

⑤ "您平时是否会搜集有关食品安全措施的信息呢？"

⑥（如果对方回答"是"）→ "您愿意听听我们的建议，或和我们一起讨论讨论吗？"

⑦（如果对方回答"否"）→ "您会在什么时候，或者什么情况下开始考虑和搜集信息呢？"

一定要事先准备好这些问题，并在挂断电话前听到尽可能多的答复。

虽然这些问题都很重要，但其中的④⑤⑥⑦是决定能否成交的撒手锏，因为从对方的回答中可以了解到对方何时会购买以及购买的原因。换言之，我们有机会获取SOL。

对于"Give模式"的销售活动而言，得到预约当然是最重要的目的之一，不过我建议也将SOL获取次数（掌握次数）

设定为重要的阶段指标。SOL 明确的公司堪比"时令菜",若能获得 SOL,就能做出需求列表,并分别制定更详细、更贴近其需求的销售策略。

此外,"Give 模式"还有一个优势,那就是在听取对方需求的过程中,可以及时发现"此刻推销的原因",从而立即进入洽谈阶段。

这虽然是一种中长期的攻克方式,但在与客户的沟通过程中效果立见。可以说这是一个"集各家所长"的销售方法,有助于得到原本持有排斥态度的客户的青睐。

今后,负责传统销售的销售人员一定要从想方设法攻克客户的"骚扰者"的角色转换为向客户抛出有利信息的"不可或缺的伙伴"的角色。

攻下前台的沟通术

在传统销售中，绝大部分销售活动在联系到核心负责人前就已经宣告失败。最明显的例子是"前台"。拜访或致电某家公司时，如果前台表示"您要找的人今天不在公司"，你多半会觉得这是谎言或是对自己的拒绝，便也直接放弃了。

不过，也有一些能让前台"不自觉地转接"或"想转接"的情况。

比如你在电话中准确报出某个特定职位或员工的姓名时。一般而言，在销售之前，我会先在搜索引擎或商务 SNS 上搜索"公司名称和职位"，然后再进行精准攻克。即使前台并非核心负责人，当我问他"负责某某项目的是佐藤先生吗？"时，对方也很有可能会告诉我："这属于××部门的管辖范围。"

当然，也会出现即使明确了核心负责人，也依然被前台拒绝转接的情况——事实上，能马上被前台转接的人只是一小部分幸运儿而已。大多数情况下，前台的工作人员会问："请问您有什么事吗？"

对方当然会这么问，因为"筛掉不必要的来电"正是前台的工作职责之一。所以，当你被问到"请问您有什么事吗？"的时候，最重要的是让对方明白"这通电话对那位负责人来说非常重要"。

在此，我分享4个能让前台不自觉转接（或想转接）的方法。

①不要让前台觉得这是新客户销售

沟通示例

"4月份的时候，我与××先生有过一次关于安全问题的交流。当时我们约定，4月以后择日再谈一次。"

"前几天，我给××先生发了一份关于食品安全措施的报告和资料，所以我想和他再具体谈谈……"

"我希望和××先生谈谈关于之前那场研讨会的事情。"

关键在于，通过传递出曾与该核心负责人见过面，让前台意识到"你是一个值得转接的人"。

由于前台对新客户销售的敏感度极高，所以我们可以用"之前发过邮件""我和他电话聊过""我给他发过资料"等说法，让前台隐约觉得你们是认识的，你是不用阻拦的人。

②赋予权威性

沟通示例

"我想向您推荐一个××公司及○○公司等业内知名公司都在使用的招聘管理系统。"

"我想向您推荐一个40%的风险投资企业及新创企业都在使用的员工管理工具。"

"我是 Cerebrix 公司的新业务负责人,我希望能与××先生交流一下看法……"

在表达出想要推荐的商品已经被知名公司使用,或者自己是有一定社会身份的人后,前台一般就不会再拒绝你的请求了。

如果你的公司或者你的商品不具备权威性或知名度,那么只要表达出整个行业都对这个方面感兴趣以及已经与某些权威公司签订了合作协议即可(要注意只能在保密协议允许的范围内)。

③突出高级感(特殊感)

沟通示例

"今天联系贵公司,是想邀请贵公司参加我们新商品的限量体验活动。"

"我想推荐一个企业管理匹配服务,贵公司可以在某月某日前免费体验。"

"我想介绍一下与贵公司导入 IT 工具相关的补贴情况及获得时限。"

与前台的交流力求简短、有效,所以一定要突出高级感和特殊感。

但是,在进行这些说明的时候,如果只提及商品的功能和特点,那么"是否需要"的判断权就被递到了前台人员的手里，因此最好同时传递出特殊优惠、限时等信息。如此一来，前台人员就会犹豫："我不该擅自做决定吧？"我们需要的就是他们的这种心理。

④前台拒绝后的沟通示例

那么，说完这些后，如果前台依然表示拒绝，应该怎么做呢？

如果正面否认对方的意见，就会把自己置于对方的对立面上，所以一定要注意"打好太极"，千万不要直接否定对方的话。

首先说说当前台表示"我们的职责就是阻拦一些外来的销售""我们公司现在没有这方面的需求""我不需要"时，我们应该如何回应。

沟通示例

"原来如此。不过，其实贵公司的投资额是可以申请国家补贴的，不知道您对此是否感兴趣呢？"

"我能理解，不过我得悄悄告诉您，我们已经收到了许多贵公司同行的咨询。所以我觉得，××先生应该也会对这件事感兴趣。可否请您向他问一句：'您对〇〇感兴趣吗？'"

出现这种情况后，一定要表达出"我是根据社会趋势、竞争趋势和客户需求才决定现在联系你们的"。

如果能查到目标公司的新闻稿、广告宣传活动等信息，并借着这个名目表达出"我想就贵公司发布的○○项目谈谈……",前台人员就很有可能会为你转接电话了。

接下来,就是如果再被拒绝——"我们公司已经在使用另一款商品了……"——的情况了。

沟通示例

"当然,我并不是要您现在就换一家供应商,只是想让您多一个了解的渠道,看看是否有调整的可能性。"

"如果是这样,是否可以占用您几分钟时间,让我稍微做个介绍,以便您在更新服务时可以做个比较。"

千万不要试图挖墙脚,这只会让对方感到更厌烦。在这种情况下,一定要把重点放在攻克的方向性上,获得对方的认可:"听听新客户销售也不错啊!"

前文介绍了前台人员的应对方法,最重要的点在于要给前台一个"向负责人确认的原因"。所以能否成功,就看你是否能让对方感到"这件事我不敢擅自做决定"。

这个做法不仅适用于电话联系的场合,也适用于发送电子邮件的场合。如果能让收邮件的人觉得"这可能是非常重要的信息,还是不要擅自判断的好",那就有机会见到上级负责人了。

所以,你一定要让自己的拜访看起来"有意义"。

有助于获得预约机会的"450字/分钟""0.5秒犹豫""诱人信息"

假设你攻克了前台,成功联系上了核心负责人。从此刻开始,你要有意识地通过谈话引导对方产生"我想见见你""约个时间见见吧"的想法。

要点可以总结为以下3项。

①注意把说话速度控制在"450字/分钟"
②用直击法制造"0.5秒犹豫"
③传递"诱人信息",推动对话进展

接下来,我将逐一进行简要说明。

①注意把说话速度控制在"450字/分钟"

一般而言,"300字/分钟"的语速是最令人舒适的,新闻播报用的就是这个语速。

但是,在新客户销售中,大部分客户都没有耐心听我们说太多,所以对于那些本就打算随时挂断电话的人来说,"300字/分钟"的语速还是太慢了。

Cerebrix公司在自己的项目中对"300字/分钟"和"450字/分钟"进行过对比。结果显示,后者的成功率更高。

但是客户无法通过电话看到画面或实物，会出现想象不出来或是听不懂的情况，所以一定要注意语言的精练程度，有意识地强调、明确表达出重要的词语，用"轻重缓急"来区分一般内容和需要提醒对方注意的重要词语。

②用直击法制造"0.5秒犹豫"

所谓直击法，是指在与客户联系上的刹那就能传递出吸引对方、让对方产生共鸣的信息的对话技巧。

省略掉不必要的说明和解释，从"结论"开始阐述"目的"，重点说明"客户能享受到的好处"和"为什么现在联系对方"。这种做法能更有效地让对方理解自己的建议。

例如，我们可以将谈话内容做如下修改。

沟通示例

× "我今天访问了贵公司的网站，浏览后决定打电话给您。我们是一家设施管理咨询公司，主要是为客户公司提供改进工作方式的服务。我查看了一些口碑网站，发现贵公司在员工待遇和企业风气方面的得分都很高，所以我想贵公司一定很重视工作方式改革。"

√ "今天是我们的特殊回馈日。我们只会从口碑网站上选定在员工待遇和企业风气方面得分较高的企业进行电话联系。我觉得贵公司完全有机会赢得'最佳员工满意度公司'的荣誉，也能进一步提高员工满意度、降低离职率。"

直击法最大的好处在于能避免对方"立即挂断电话"。我们的目的在于让对方在试图挂断电话之前出现"0.5秒犹豫"——"真的要现在挂断吗?"

只要有了对话的余地,我们就算成功了一半。

③传递"诱人信息",推动对话进展

出现"0.5秒犹豫"后,我们就能立即进入对话了。不过,一定要避免使用"让我上门说明吧"之类的强压式语言,要坚定站在"为客户提供有价值的信息"的立场上展开对话。

再用一次前文中安防系统的案例。我当时非常希望见到客户,于是就在打电话前先去对方公司所在地走了一趟。

我到食品工厂附近认真研究"风险在哪里"和"应该加强哪些安全措施"的问题后,做了一份简单的报告。给对方打电话的时候,我把报告放在手边,以便随时查看。

沟通示例

"您好,我是某某株式会社的今井,主要从事食品安全和信用方面的调查和建议工作。

"很荣幸,我此前参观了贵公司。贵公司在安全方面的严谨认真,让我十分钦佩。不过,我发现了一些还可以进一步加强的地方,也想就这些方面与您聊聊,不知道您是否可以拨冗一听?"

这就是我当时采用的话术。不能仅凭逻辑和推理来打动客户，而要让他觉得"这个人居然为我做了如此深入的调查"，只有这样才能攻破他坚不可摧的心理防线。

当然，我去当地调研的最终目的就是获取洽谈机会，只不过在这种情况下，我的行为结果恰好符合客户的利益需求，所以我成功预约到了他。

最后，一定要注意自己的表达方式，一旦措辞不当就会让对方产生"谁让你做这种多余的事"的感受，所以在联系对方的时候，一定要恭敬礼貌。

如何在社交化销售中与新客户建立联系

很多人听到新客户销售时,脑海中浮现出来的依旧是电话推销的场景。虽然这也是一种有效的方法,但现在与目标公司建立联系的方法是多种多样的。

日本最受喜爱的社交化销售平台当属 SNS,因为我们可以利用它实现与客户的直接交流。如今,许多人都愿意在 SNS 上公开真实的姓名,利用这些平台联系客户并为他们发送有价值的信息,从而得到拜访的机会。这也是传统销售的一种方法。

例如,如果你一直在某个专业领域发布自己独到的见解,就会成为别人眼里"能提供有价值的信息的专家",那么如果有一天你对某个人说"我想为您提个建议",对方很可能会欣然接受。而且,这种信息传播方式还有很大的机会转变为集客销售。

此外,我们还可以在 SNS 上搜索符合销售目标的账号,抓住其发帖的时机,迅速展开销售(例如,如果对方想找个一起工作的小伙伴,就可以趁机为他介绍人才)。

同时,SNS 的出现还成功"可视化"了人与人之间的联系。当你想联系某个人的时候,可以通过 SNS 发现你们的共同好友,拉近彼此之间的距离。有个著名的"六度空间理论",指的是最多通过6个中间人,就能够认识任何一个陌生人。

虽然在这种情况下卖家的确更容易找到买家,但买家也更反感直接收到卖家的信息。一项针对"你觉得新客户销售的最佳方式是什么"的 SNS 问卷调查结果显示,3692 位受访者中只有 14% 的人选择"DM"(快讯商品广告)。越容易,越要注意避免使用会引起客户反感的销售行为。即便是社交化销售,也要时刻注意"精度"和"新鲜度"。

而且,一直乱发 DM 很可能会被人投诉,也有部分公司是禁止使用实名 SNS 的。但毫无疑问,这种销售方式一定会成为未来的主流方式之一。

第 3 章

销售流程:将"顾问式销售流程"分解为 7 个部分

控制销售结果其实就是控制销售流程。

为了尽量消除客户所有"不买的原因",我们要精准控制每个流程,而不是仅看结果。

在消除所有洽谈过程中可能出现的"不买的原因"的同时,还要让购买商品的可能性变得可视化,努力得到客户的认同和共鸣。

做好每个流程的工作后,结果自然就变得可控了。

在此,我们可以将销售流程细分为"客户计划""销售拜访""实际调查""订单控制""制作方案""介绍""结束"7个部分。

之所以将流程分为7个部分,主要是考虑到了客户的认同与共鸣。

客户决定"不买"后,如果予以反驳,那就是对客户的否定。现实是,没有一位客户会因为被否定而感到开心。

所以我们要做的,就是在客户做出"不买"的决定之前,避免他们做出这个决定,并想办法消除他们的顾虑。

第3章,我将为大家介绍一下流程分解的基本策略。

被称为最强销售的"顾问式销售"究竟是什么？

很多人都想学习卓越的洽谈方法和技巧。其实对于洽谈而言，"顾问式销售"绝对可以称得上是销售方法中的佼佼者。

"顾问式销售"是一种主导型的销售方法。所谓主导，就是以自我为中心并引导他人，所以销售人员应将自己视为客户的代言人或提案人，引导客户解决问题。

若是为经营层解决课题的建议，那就要将自己置于经营者的立场；若是与销售相关的商品方面的建议，那就要将自己视为该企业的销售人员。

我们也可以认为这是一种代替客户"找到理想的未来并给出建议"的销售方式。

第1章中提过，为了让"不买的客户"转变态度和行为，成为"想买的客户"，我们就要为尚未签约的客户设置课题并提供顾问服务。就像医生检查病人的病情一样，我们也要为客户分析课题并提出建议。

但有一点绝对不能忽略，那就是"客户其实不想向你咨询任何问题"。乍看之下似乎很矛盾，但这恰恰说明了这种方式的重点在于"不要让客户觉得'这个人是来接受我们咨询'的"。在客户提出要求之前摆出一副顾问的架势，只会让对方觉得"这个人可真够不要脸的"。

许多销售人员喜欢直接问客户:"贵公司现在面临哪些经营课题?"而大部分客户听到这句话都会觉得莫名其妙。

之所以会出现这种悲剧,主要是因为销售人员没有正确理解"解决课题型销售"的真正含义。接受客户的咨询或寻找客户的课题,这对于集客销售来说并无任何不妥,但是对于传统销售的新客户销售而言,这个课题就显得有些愚蠢、低级了,就好比穿着鞋子走进别人的家里一样。

"顾问式销售"的最终目标,在于引导客户确定需要解决的课题,这与直接问客户"您有什么课题"是完全不同的两个概念。

将"顾问式销售流程"分解为7个部分

"顾问式销售"的目标是引导客户至最理想的状态。在Cerebrix公司,我们将这一过程称为"顾问式销售流程"。

明白洽谈失败的原因后,答案就很简单了,因为洽谈的某个过程中出现了阻碍和障碍。这意味着,各个流程中出现的客户"不买的原因"是成交失败的罪魁祸首。

如果我们将洽谈视为一个整体,就很难意识到自己需要不停地纠正轨迹。想要控制"成交"这个结果,就要逐一消除销售流程中的每一个细微的不安因素和反对意见,也就是"不买的原因"。

为此,Cerebrix公司将"顾问式销售流程"分解成了7个部分（图表10）。

图表10 "顾问式销售流程"的7个部分

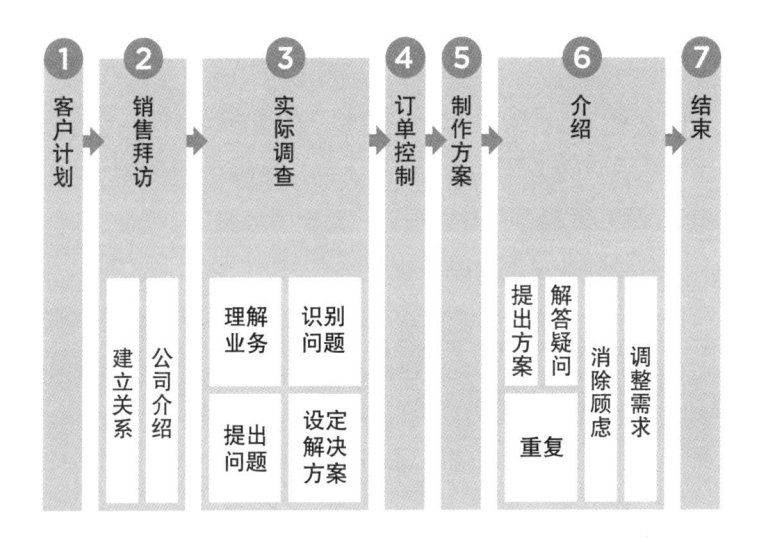

①客户计划	②销售拜访	③实际调查	④订单控制	⑤制作方案	⑥介绍	⑦结束
	建立关系 / 公司介绍	理解业务 / 识别问题 / 提出问题 / 设定解决方案		提出方案	解答疑问 / 消除顾虑 / 重复	调整需求

在洽谈每个项目的过程中，我们都要实时对照并确定"现在处于哪个位置（阶段）""现在处于什么状态"。

同时，我们也要思考如何消除客户"不买的原因"，避免让客户感到不安和担忧，从而逐步修正结果走向。

至于各个流程的专有知识，我将在第4章进行具体说明，此处先对大致的洽谈流程做个简要介绍。

分解后的每个部分（流程）都扮演着一个独特的"角色"，具体如下。

①客户计划（制订战略计划）

这是为最终的成交制订计划的过程。

可将其视作为洽谈做的准备。先提出一个假设——"如何能从这家公司得到订单",再规划出整个流程。

②销售拜访（获得信任）

这是与客户建立关系的过程。

这个流程的目标是让客户产生"我愿意相信你、依靠你"的感受,通过上门拜访、表明身份、介绍公司和服务内容（简短介绍）等提升自身信用,让客户感兴趣。

③实际调查（设置课题）

这是让客户意识到需要购买商品和解决课题的过程。

在这个阶段,一定要提出能让客户意识到重要性和紧迫性的课题,而不是一些浅显的调查结果和肤浅的课题,这样才能让客户意识到理想和现实之间的巨大差异。

④订单控制（需求定义及下一步操作设计）

在这个过程中,你需要明确"客户可能接受的建议",为此要对设置的课题以及建议的方向性是否符合客户需求进行确认。方案所需的预算和时间也应在这个阶段进行明确,同时还要了解客户的评价方式及内部决策的流程。

⑤制作方案（确定课题的设计）

这是制作客户课题解决方案的过程。

我们要根据从订单控制中获得的有效内容提出建议。反之,如果没有被选中的可能,也就无须制作方案了。这是基于课题设置和需求定义的方案设计。

⑥介绍（最佳方案）

这是展示解决方案和具体计划的过程。

在这个阶段，"步骤"至关重要。客户都是在想象的过程中做出决定的，所以在这个过程中，最重要的是通过一个具有逻辑性和连贯性的描述性建议来可视化解决课题的可能性。

⑦结束（助推决策）

最后，提供助推客户决策的支持，要让客户"接受"而非"被说服"。

同时，也要及时跟进结论，为客户推进内部审批提供协商条款的制定及调整等方面的支持。我们可以将其视为决策前一刻的最后跟进。

提前研究对策，及时解决每个流程中的问题

"顾问式销售流程"的关键在于得到客户的认同和共鸣，只有这样，才能进入下一个流程。

我们的最终目标，是确保客户在做出决策（结束）前找不到任何"不买的原因"。从结果进行反推可知，在"顾问式销售"的7个流程中，绝不能出现任何可能让客户感到不舒服、不必要、焦虑不安的问题。

假设你丢失了一个订单，原因是客户觉得性价比不高。听到这个结果后你并没有太在意，单纯觉得问题出在商品效果与客户的投资成本不匹配上，并止步于此，不再深思。

事情就这样结束了吗？

事实上，这个项目失败的一大原因在于，你一开始并不觉得"效果"有多重要，即失败的原因并不在于方案的内容和可行性，而在于你并没有获得客户的认可，没有让客户感受到解决课题的必要性。

我们可以在"顾问式销售流程"中的"③实际调查"阶段解决这个问题。请参考以下沟通示例。

沟通示例

"若贵公司想成为这个行业的龙头企业，就要在竞争对手

抢占市场之前增加销售人员的数量。您的目标是在半年内增加20人,但就贵公司目前的机制来看,在短期内是无法达到这个目标的,需要利用外部资源……请问是这样吗?"

设定洽谈过程中必须解决的课题并得到客户的认可后,就可以在后续流程中逐一攻克客户"不买的原因"了。

在每一个流程中获得客户的认同和共鸣,然后进入下一个阶段的洽谈,这就是"顾问式销售流程"的本质。

至于应该在每个流程中得到哪些认同和共鸣,可以参阅图表11,它将为你展开详细说明。

乍一看可能有些过于详细了,但在实际的商务洽谈中确实需要得到明确的认同和共鸣。

例如在"②销售拜访"中,如果给客户一种"这个人看起来不太可靠"的印象,那么即使在"③实际调查"中问到了一些对方很感兴趣的问题,也很可能听不到最真实的答案。

想要防止这种情况发生,就要在"②销售拜访"阶段取得客户的信任,让对方相信"我的提问和讨论都源于想帮助贵公司实现梦想"。这样一来,后续的提问会变得更加容易,双方会以积极的心态共同协商、寻求问题的解决方案。

同时也要在每个流程结束时进行一次"测试结束"(Test Close),以确认自己是否正在持续获得认同和共鸣。这个做法可以很好地衡量"洽谈进度是否处于自己的掌控范围内"。

那么,我们在每个流程中具体应该得到哪些认同和共鸣呢?首先,请思考一下:你最不喜欢在洽谈中被告知什么信息?

图表11 在"顾问式销售"的7个流程中都得到认同和共鸣

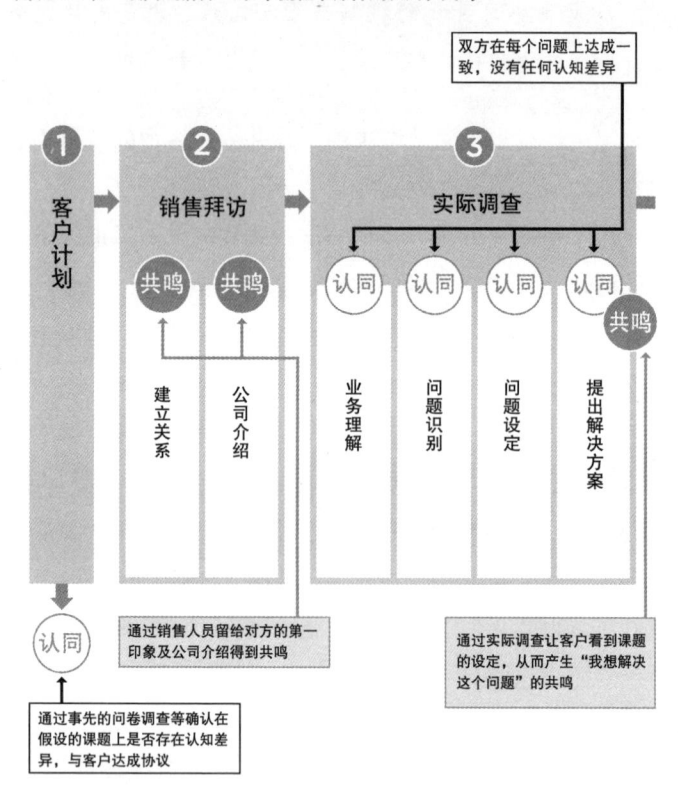

双方在每个问题上达成一致，没有任何认知差异

1 客户计划

2 销售拜访
- 建立关系（共鸣）
- 公司介绍（共鸣）

3 实际调查
- 业务理解（认同）
- 问题识别（认同）
- 问题设定（认同）
- 提出解决方案（认同）（共鸣）

认同

通过事先的问卷调查等确认在假设的课题上是否存在认知差异，与客户达成协议

通过销售人员留给对方的第一印象及公司介绍得到共鸣

通过实际调查让客户看到课题的设定，从而产生"我想解决这个问题"的共鸣

洽谈是在一系列的认同和共鸣中获得进展的。**为了消除每个阶段可能出现的"拒绝"和"不买的原因"，在与客户洽谈时，要积极确认客户的评价**

100

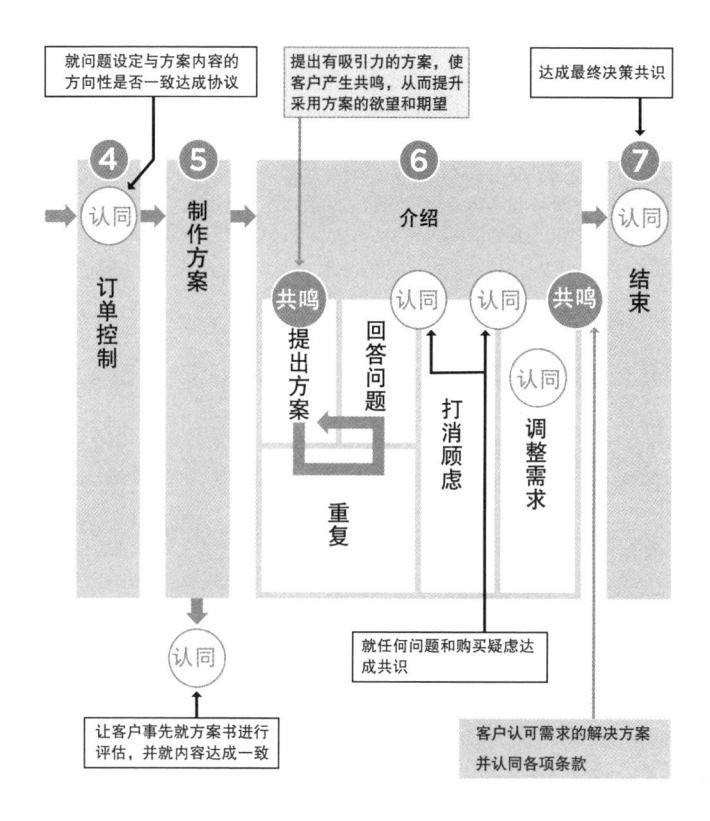

第3章 | 销售流程：将"顾问式销售流程"分解为7个部分

步骤	名称	说明
4 认同	订单控制	就问题设定与方案内容的方向性是否一致达成协议
5 制作方案		
6 介绍	共鸣 提出方案 / 认同 回答问题 / 认同 打消顾虑 / 共鸣 认同 调整需求 / 重复	提出有吸引力的方案，使客户产生共鸣，从而提升采用方案的欲望和期望
7 认同	结束	达成最终决策共识

- 认同：让客户事先就方案书进行评估，并就内容达成一致
- 就任何问题和购买疑虑达成共识
- 客户认可需求的解决方案并认同各项条款

101

例如，你最担心的是客户在多方对比后提出"你们的价格高于其他公司"，那么在销售流程中，你就应该努力消除对方在这个方面的担忧，比如给对方一个"价格虽高，但提供的价值也更大"的说明。

如果能通过这些方法获得客户的认同和共鸣，让客户觉得"价格高的商品更值得信赖""价格虽高，但××功能非常值得拥有"，那么后续的流程就会顺利很多。

很多人认为"应对客户拒绝"和"消除客户疑虑"都是在销售的最终阶段，也就是结束阶段应该做的事，但我对此一直抱有疑问。用男女恋爱来打个比方，这个做法就像是被对方甩了以后才说"我会努力的"；用职场来打比方，就像是领导在下属决定离职或退休的时候才指出他的错误。

不觉得为时已晚吗？重要的是未雨绸缪，要在各个阶段及时排除可能导致最终阶段惨遭拒绝的障碍（问题）。出现任何障碍或不安因素都应立即予以消除，绝不能弃之不顾。

希望正在阅读本书的你能及时发现并消除洽谈过程中的瓶颈和不安因素，关注客户的反应和感受，并努力得到客户的认可。

洽谈摸不准客户命脉的真正原因

这件事对于销售人员来说真是挺残酷的，不过拼命向一个对这件商品似乎没有兴趣的客户推销，也着实是件非常滑稽的事。

我曾以买家身份参与过商务洽谈，也曾见到"一边是销售人员在慷慨激昂地介绍商品，一边是一脸不为所动的客户"的场景。老实说，在这种面对面销售中，我一般都是在假装认真倾听。

随着技术的发展和商业文化的变化，在线洽谈的方式逐渐得到普及。许多参加在线洽谈的买家在遇到不感兴趣的商品时，虽然表面上看不出来，但其实都在偷偷地干其他工作。

对于这个问题，很多销售人员只是单纯地觉得"在线推广的情况下，我们无法精准掌握客户的情绪，销售也就变得越来越困难了"。但事实上问题并不是无法精准掌握客户情绪，而是销售人员无法挑起客户的兴趣。

为什么会出现这种"温差"呢？

因为对于客户来说，虽然他们面临着各种各样的经营问题，但有一部分是他们"已经发现的问题"，有一部分则是他们"未发现的问题"。尚未发现或没有意识到问题存在的客户，自然也不会意识到购买商品的必要性或紧迫性。

例如，你为了打发时间而信步走进一家服装店，随意翻看着店里的衣服。对于根本不打算买衣服的你来说，一定会对主动上前打招呼、为你积极介绍款式和材质的店员感到反感。

但当你切换到卖家的角色，就会不由自主地向那些一看就知道不打算购买的客户积极地介绍起商品。

可见，摸不准客户命脉的真正原因在于，你一直在客户不感兴趣的领域战斗。在这种情况下，你要先唤醒客户，让他们意识到问题或课题的存在。

当客户觉得自己需要购买商品的时候，他们就会愿意了解商品的优势、特点以及使用方法了。

第3章 | 销售流程：将"顾问式销售流程"分解为7个部分

销售的前端流程和后端流程有天壤之别

为了消除这种不匹配，Cerebrix 公司将"顾问式销售流程"分为两大类：前端流程和后端流程。

前端流程又称"线索销售"，后端流程又称"核心销售"。

线索销售是指项目创建之前的"项目获取流程"，也可以说是为方案打基础、播种子，是把没有购买意愿的客户转变为有购买意愿的客户的过程。

核心销售则是指获得具体项目的"项目攻略流程"，是针对每个客户的不同课题提出解决方案并促成订单成交的过程，其目的是推动最终的决策（图表12）。

我们需要关注的是前端流程和后端流程中对"客户情绪变化"的把控。如果洽谈仍处于线索销售阶段，那就代表客户尚未认可这个课题的存在，且没有任何购买意愿。

可见，对线索销售阶段而言，最重要的不是告诉客户自己的商品和解决方案有多优秀，而是要首先让对方意识到"现在存在一些紧迫且重要的问题，如果不解决，就会影响我的业务发展"。

那么核心销售阶段呢？就是让认可问题存在且产生购买意愿的客户将关注点转移到"这个解决方案真的适合我们公司

图表12 将"顾问式销售流程"分为2个部分

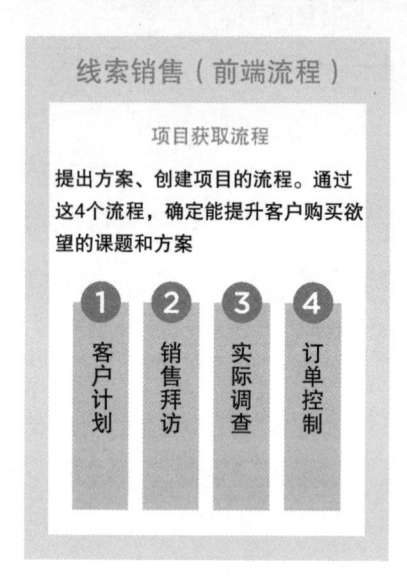

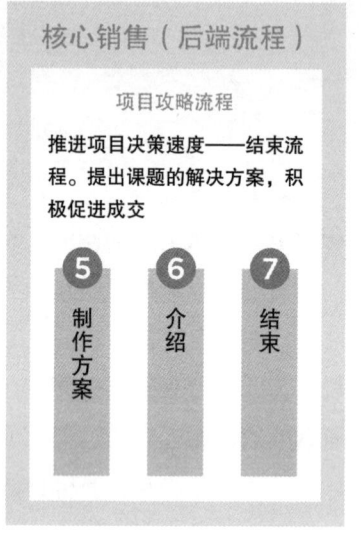

线索销售（前端流程）

项目获取流程

提出方案、创建项目的流程。通过这4个流程，确定能提升客户购买欲望的课题和方案

1 客户计划　2 销售拜访　3 实际调查　4 订单控制

核心销售（后端流程）

项目攻略流程

推进项目决策速度——结束流程。提出课题的解决方案，积极促进成交

5 制作方案　6 介绍　7 结束

吗？"上来（图表13）。

　　接着说明自己的商品优势，以及与竞争对手之间的差别，以证明解决课题的可行性。换言之，核心销售阶段的目的就是让客户相信"这是最适合自己的课题解决方案"。

　　那么，如果想要提升成交率，我们更应该关注哪个阶段呢？说实话，对于传统销售的新客户销售而言，能对结果产生重大影响的是线索销售阶段。这是因为进入采购讨论阶段的客户（核心销售）一定会更关注商品实力、可行性等相关的佐证资料，而销售人员无法左右客户在这些方面的选择标准。

　　换言之，销售人员虽然可以在线索销售阶段依靠自身的优

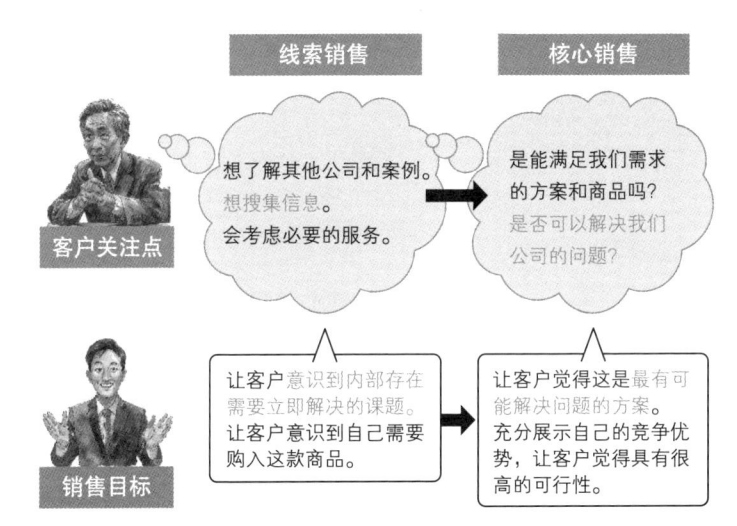

图表13 "客户关注点"和"销售目标"的变化

	线索销售	核心销售
客户关注点	想了解其他公司和案例。想搜集信息。会考虑必要的服务。	是能满足我们需求的方案和商品吗?是否可以解决我们公司的问题?
销售目标	让客户意识到内部存在需要立即解决的课题。让客户意识到自己需要购入这款商品。	让客户觉得这是最有可能解决问题的方案。充分展示自己的竞争优势,让客户觉得具有很高的可行性。

势经验让客户意识到他们的问题,但这并不意味着也可以在核心销售阶段仅依靠销售技巧来获取订单。每个客户对线索销售或核心销售的兴趣都是不同的,所以我们使用的技术和沟通方式也要做出相应的调整。

在接下来的章节中,我想具体谈谈每个销售流程的要点。

第 4 章

线索销售：如何打造决定成败的"有发展前景的项目"

在销售领域中，任何时代都存在一个不可动摇的事实——对客户而言，"只要需要，就会购买"。

如果你的商品卖不出去，那是因为客户意识不到购买的必要性。换言之，你所设定的"正确课题"没能让客户意识到购买的必要性。

在新客户销售中，界定成功和失败的七成原因取决于能否设定正确的课题。如果客户提出"想解决"这个课题，之后就可以提出满足客户需求的方案。

在商务洽谈的前半段，线索销售（获得有发展前景的项目）才是展现销售人员能力的关键。

本章将解读销售7个流程中的前4个流程："客户计划"、"销售拜访"、"实际调查"和"订单控制"。

同时，包含这4个流程的线索销售也是一种技巧，无须依赖直觉或感觉就能在准备商务洽谈、介绍公司和征询项目方案中取得成效。这一部分在本书中占据的篇幅最大，是决定销售成败的重要因素。

客户计划——制订战略计划

Cerebrix 公司认为决定新客户销售能否成交的七成原因在于销售线索这一阶段。如果在这个阶段设置正确的课题，让客户说出"想要解决"这个课题，之后你就能提出满足需求的提案。

客户计划是为实现此目的而进行的商务洽谈准备。借烹饪界的话来说，就是"做菜前的准备工作"。做好充分的准备和信息搜集工作，就可以预防洽谈中可能出现的"不买的原因"。优秀的商务洽谈准备专注于解释并分析"应该调查什么，应该制订什么样的计划"的问题。

（1）商务洽谈前的准备工作分 4 个步骤

首先，客户计划的设计分为 4 个步骤（图表 14）。

①摸清商务洽谈的流程
②搜集信息
③建立假设
④确定商务洽谈的内容

也就是说，要遵循"①在头脑中想象→②实际调查信息→③建立需求假设→④确定商务洽谈的推进方式"的流程。

图表14 创建客户计划的4个步骤

1	摸清商务洽谈的流程	根据自己以往的洽谈经验,思考如何安排洽谈流程
2	搜集信息	搜集自己经验以外的信息。可以通过网络查询,也可以咨询第三方的意见
3	建立假设	找出需求产生的原因和背景等实质性的证据(见解)
4	确定商务洽谈的内容	准备公司介绍、提问内容、补充资料等,用于发现客户的见解

下面我来逐一进行讲解。

①摸清商务洽谈的流程

首先,成功约见客户后,你要根据以往的客户案例想象整体感觉,确定洽谈方向。

当然,因为需要根据洽谈对象来安排,所以要以结果(在商务洽谈中的发言)为前提来确定应该准备哪些信息,比如做哪些调查可以促使洽谈成功。

②搜集信息

实际搜集信息。典型的调查对象有:企业信息(资金、从业人员、业务概要、销售额等);相关信息(行业趋势、市场趋势、占有率、竞争对手信息);商务洽谈对象的信息(经历、职务、擅长领域）；等等。

一般做法是查看企业主页、新闻稿、SNS 等。如果想获取更加深入的信息，还可以采用以下方法：咨询和客户同一行业的熟人，或者参加展览会和活动。由于调查方法和调查对象的种类繁多，因此在属于你的个人情报搜集模式搭建完成之前，可以尝试充分利用图表 15 的方式进行调查。

无论如何，必须在该阶段认真调研商务洽谈的内容。如果你不调查客户的情况，就会在谈话过程中向对方传递出自己不经意间流露出的语气和反应。

请牢记一点：调查商务洽谈对象已经是"最低限度的礼仪"。

③建立假设

建立假设要求对目标企业的"困难"和"理想形象"进行预测，然后再思考预期需求。

但是，假设终究是假设。一旦开始商务洽谈，如果当初建立的假设能够顺利地进行下去，这种情况反而很不正常。我的假设到现在还是不太准确。因此，我们的假设必须以"偏离假设"为前提进行洽谈。哪怕失败了也无须焦虑，只要每次提前准备好替代方案就可以了。

④确定商务洽谈的内容

根据准备好的假设，决定洽谈的内容和流程。

例如，根据客户的设想需求准备客户案例，整理公司介绍和服务提案的内容（商品的简要介绍）等。

以上就是制订客户计划的 4 个步骤。你可以尝试按照上面讲述的步骤准备下一次的洽谈工作。

图表15　商务洽谈前需要调查的信息和调查资源

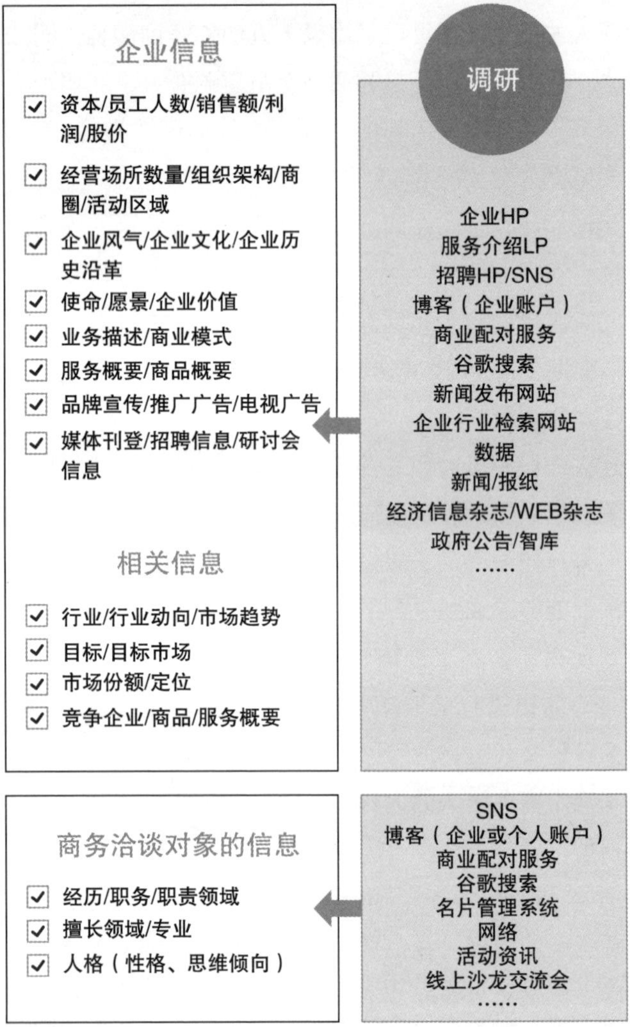

企业信息

- ☑ 资本/员工人数/销售额/利润/股价
- ☑ 经营场所数量/组织架构/商圈/活动区域
- ☑ 企业风气/企业文化/企业历史沿革
- ☑ 使命/愿景/企业价值
- ☑ 业务描述/商业模式
- ☑ 服务概要/商品概要
- ☑ 品牌宣传/推广广告/电视广告
- ☑ 媒体刊登/招聘信息/研讨会信息

相关信息

- ☑ 行业/行业动向/市场趋势
- ☑ 目标/目标市场
- ☑ 市场份额/定位
- ☑ 竞争企业/商品/服务概要

调研

企业HP
服务介绍LP
招聘HP/SNS
博客（企业账户）
商业配对服务
谷歌搜索
新闻发布网站
企业行业检索网站
数据
新闻/报纸
经济信息杂志/WEB杂志
政府公告/智库
……

商务洽谈对象的信息

- ☑ 经历/职务/职责领域
- ☑ 擅长领域/专业
- ☑ 人格（性格、思维倾向）

SNS
博客（企业或个人账户）
商业配对服务
谷歌搜索
名片管理系统
网络
活动资讯
线上沙龙交流会
……

114

最后，我来回答"对目标企业展开调查时需要进行到何种程度"的问题。

就结论而言，其中一个标准是"能否让客户惊讶"。当然，表示惊讶的方式是因人而异的。我们的目标之一，是让客户产生瞬间感动。例如，客户表示"你竟然查了这么多的资料"，或洽谈时表示"你说得对极了"。

请注意，常规的洽谈准备是不会让客户惊讶的。我们需要深入洞察，让客户不由自主地兴奋起来。

接下来，我将介绍商务洽谈准备工作的秘籍，挖掘更深层的见解。

(2) 通过"3C+2C×宏观环境"分析并找出制胜法宝

在准备商务洽谈的内容时，我给大家推荐的秘籍是搭建一个框架。

这个框架叫作"3C+2C×宏观环境"，也是我在实际准备洽谈内容时使用的技巧。

简单解释一下什么是"3C分析"。该框架的名称取自"Customer"（客户/目标）、"Competitor"（竞争对手）和"Company"（本企业）三个英语单词的首字母，是一个特定的制胜法宝，可用于经营层面、业务层面、项目层面等各种场景之中。

与之相对，"3C+2C×宏观环境"是我独自定制的分析框架，出发的视角有所不同。

首先,"3C"不是从我们自己的视角出发,而是从客户的视角出发的"3C"。在此基础上增添本企业的信息为"+2C",最后再将宏观动向、顺风(机会)和逆风(威胁)的观点汇总在一起。通过这一系列的分析,我们锁定了让客户获得商业成功的方法,解释了为什么该商品有助于获得商业成功。

接下来,我将通过具体案例,就如何利用该框架进行分析说明(图表16)。

大致流程如下。

①②③:首先,对客户进行"3C分析"

④⑤:其次,对本企业进行"2C分析"

⑥:最后,加上"宏观环境"框架,寻找制胜法宝

我们以安防公司的销售代理为例,具体分析该流程如何实施。例如,假设商务洽谈对象是从事冷冻食品等的加工食品制造商B公司(以下简称"B公司")。

① "客户的客户"框架

首先,掌握B公司的客户情况。B公司的客户是餐厅等餐饮服务企业和超市等零售企业。

因此,框架中不仅记录了客户名称,还记录了未来预测的业务趋势。例如,信息中有一条是由于食品中混入异物而引发热议的事件。"今后大型零售企业和连锁餐饮服务企业可能会对供应商加以限制,只与严格进行品质管理和风险管理的公司合作"。

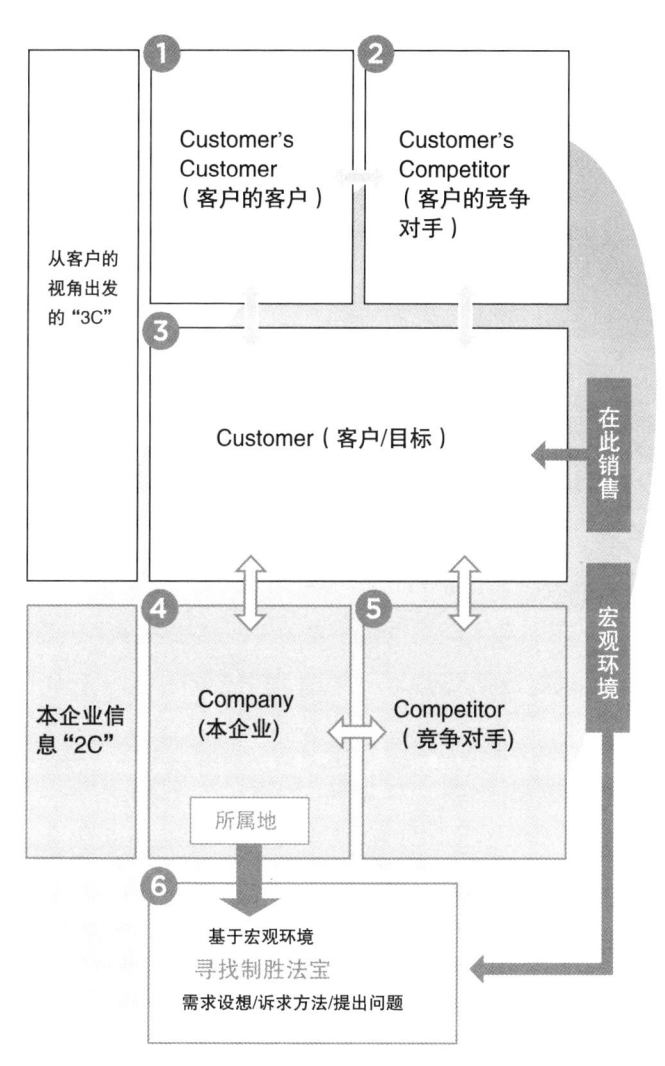

第4章 | 线索销售：如何打造决定成败的"有发展前景的项目"

图表16 "3C+2C×宏观环境"的框架分析

从客户的视角出发的"3C"

① Customer's Customer（客户的客户）
② Customer's Competitor（客户的竞争对手）
③ Customer（客户/目标）

在此销售

本企业信息"2C"

④ Company（本企业）
⑤ Competitor（竞争对手）

所属地

宏观环境

⑥ 基于宏观环境
寻找制胜法宝
需求设想/诉求方法/提出问题

117

② "客户的竞争对手"框架

然后，列举出 B 公司的竞争对手。除了要调查竞争企业的主力商品和业绩之外，还要调查此次有关食品安全和混入异物的应对方案。实际调查了两三家竞争企业后，发现它们在食品安全方面的应对上呈现出两极分化：有的企业彻底加强了管理，有的企业则几乎没有采取任何应对措施。

我会在框架中写下这些信息。

③ "客户"的框架

在这个框架中，B 公司基于①的目标需求和②的竞争对手的动向，掌握了"已经完成的事项"和"未完成的事项"，并记录了预期需求。

根据调查发现，B 公司在商品开发上投入了大量资金，陆续推出了热销商品，丰富的商品阵容突出了本公司的竞争优势。然而，与它最大的竞争对手食品工厂相比，在客户的客户（①）所要求的品质管理和风险管理的投资上，B 公司处于劣势。

我会在框架中记录下这些调查结果。

在框架中填写①②③的内容后，就可以建立包含以下"重要性"的假设了。

"因为 B 公司的目标客户是餐饮企业或零售企业，而它们要面向普通消费者，所以不想购买高风险商品。如果强化采购条件的限制，能供货的商品就会越来越少，那么 B 公司的销售额会不会减少？如果发生问题，商品回收的成本也会大幅上涨。鉴于这些原因，现在投资风险管控似乎要比商品开发成本更加重要。"

此外，还需要考虑社会舆论关注的话题（宏观环境）来增加"紧迫性"。

"社会的发展趋势最终会要求企业进行风险管理投资。承担风险的时间越短越好。尽快采取措施会让 B 公司的态度受到好评，也许还能提升品牌形象和销售额。"

这是从客户角度出发的 3C 分析。我们可以尝试将以上内容实际填入框架中（图表 17）。

接下来，针对"为什么最好用我们的商品来解决课题"这一问题，我将结合安防公司的商品进行 2C 分析。

在此基础上，我们能最终找到商务洽谈的制胜法宝。

④ "本企业"的框架

在满足③的客户需求的基础上，总结"我们的服务可以提供的价值和不能提供的价值（未来需要完善的内容）"。

以我经营过的一家安防公司为例，我会先于同行其他公司提出专门针对食品厂商的安全对策并进行调查。

此外，身为一家安防公司却没有成功的案例，这一点会在做决策时留下巨大隐患。因此，需要制定相应的机制和方案，以弥补因为没有成功案例而引发的客户焦虑。

图表17 填写案例研究"3C"

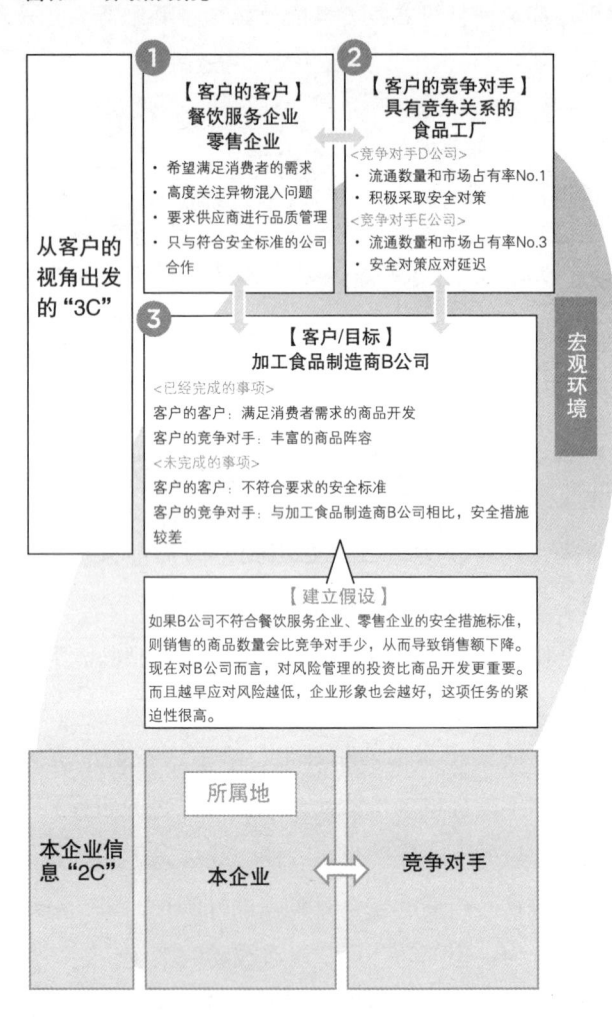

从客户的视角出发的"3C"

① 【客户的客户】
餐饮服务企业
零售企业
- 希望满足消费者的需求
- 高度关注异物混入问题
- 要求供应商进行品质管理
- 只与符合安全标准的公司合作

② 【客户的竞争对手】
具有竞争关系的食品工厂
<竞争对手D公司>
- 流通数量和市场占有率No.1
- 积极采取安全对策
<竞争对手E公司>
- 流通数量和市场占有率No.3
- 安全对策应对延迟

③ 【客户/目标】
加工食品制造商B公司
<已经完成的事项>
客户的客户：满足消费者需求的商品开发
客户的竞争对手：丰富的商品阵容
<未完成的事项>
客户的客户：不符合要求的安全标准
客户的竞争对手：与加工食品制造商B公司相比，安全措施较差

【建立假设】
如果B公司不符合餐饮服务企业、零售企业的安全措施标准，则销售的商品数量会比竞争对手少，从而导致销售额下降。现在对B公司而言，对风险管理的投资比商品开发更重要。而且越早应对风险越低，企业形象也会越好，这项任务的紧迫性很高。

宏观环境

本企业信息"2C"

所属地

本企业　　竞争对手

120

我们会采取一些措施来避免客户产生焦虑情绪。例如，提出"同竞争对手进行联合"的提案，或者在正式导入系统前，为第一批客户提供"导入实证实验"的特殊方案等。

⑤ "本企业的竞争对手"的框架

向B公司提出方案前，还要掌握其竞争对手的情况以及还有哪些合适的替代方案，尤其要明确竞争对手和替代方案各自的优势和劣势（做不到的地方）。

就本次的情况来说，作为一家安防公司，我们的竞争优势在于拥有成功案例，可以令客户放心。但是由于无法针对食品安全对策和风险管理提出专业的解决方案和建议，因此可以分析得出这是我们的"劣势"。

⑥ "寻找制胜法宝"的框架

最后，我们梳理了前文①~⑤的内容，最终总结出一个"本企业的商品如何帮助客户取得事业上的成功"的假设。

同时，为了证实这个假设，我们进行了"需要准备哪些问题""有没有我们可以在商务洽谈中使用的数据或报告""有没有什么客户案例可以成为对话的开场白"等诸如此类的销售内容的准备。

以B公司为例，基于①~⑤的内容可以发现这样的制胜法宝。"B公司认为，从最近的趋势来看，在风险管理上的投资要比商品开发成本'更重要'。"

而且，如果迟早都要采取对策，那肯定是越早越好。这样不仅能缩短风险周期，还能提升品牌形象和商品销售额。

请注意，基于该假设的客户需求提出本公司的安防系统方案时，客户很可能会因为本公司没有实际的成功案例而担忧。因此，不要突然建议客户导入系统，而是要先进行实证实验，如果没有问题，就可以正式导入系统了。毕竟没有百分之百安全的安防系统，所以能够实现临时导入也能让人心里踏实。

当然，如果自己无法提出满足客户需求的解决方案，也可以考虑和竞争对手合作，提出联合提案。

将最终的内容一一填写到分析框架的④⑤⑥中，可以得到图表18。

用"3C+2C ×宏观环境"的分析框架，可以得到客户计划（制订战略计划）。

可能你需要一些练习才能适应，但如果你的下一个销售目标是同一行业或同一品类的话，可以二次利用宏观环境和竞争对手的信息。这种做法也会提高你做准备工作的效率，建议你一定要尝试。

（3）下功夫的洽谈准备会让你和其他销售人员拉开差距

客户计划的内容已经讲解得很充分了。下一步讲解在商务洽谈方面下功夫的办法。

首先，准备好一切很难，因为准备洽谈的时间是有限的。因此，我建议你一定要考虑效率，学会取舍，把最需要的内容放在商务洽谈中。

①在"3C+2C×宏观环境"的框架中加入未来时间轴

在前文讲解的"3C+2C×宏观环境"框架中加入1年后、

第4章 | 线索销售：如何打造决定成败的"有发展前景的项目"

图表18　填写案例研究"2C"，找出制胜法宝

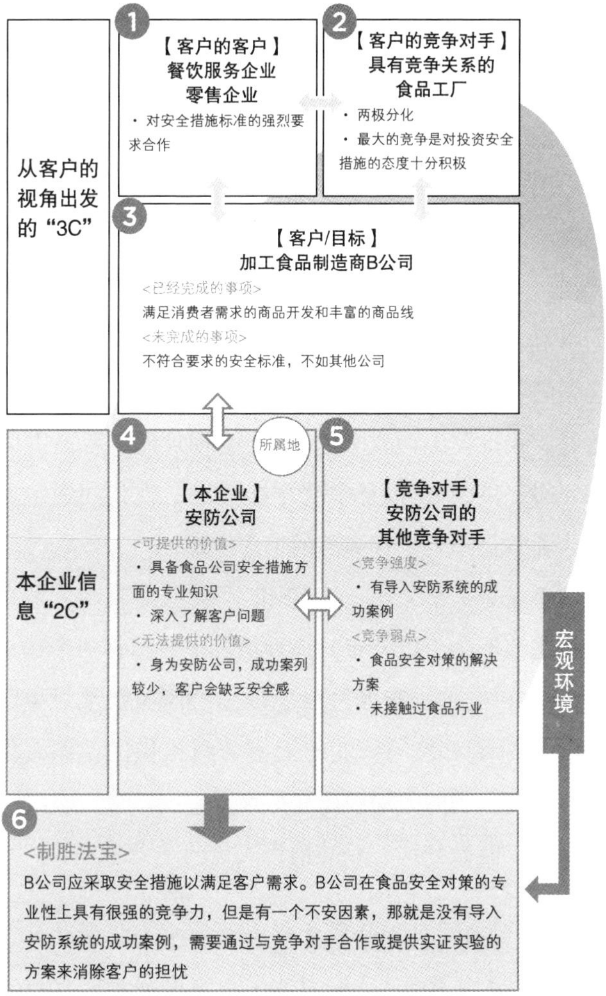

从客户的视角出发的"3C"

① 【客户的客户】
餐饮服务企业
零售企业
- 对安全措施标准的强烈要求合作

② 【客户的竞争对手】
具有竞争关系的食品工厂
- 两极分化
- 最大的竞争是对投资安全措施的态度十分积极

③ 【客户/目标】
加工食品制造商B公司
<已经完成的事项>
满足消费者需求的商品开发和丰富的商品线
<未完成的事项>
不符合要求的安全标准，不如其他公司

所属地

本企业信息"2C"

④ 【本企业】
安防公司
<可提供的价值>
- 具备食品公司安全措施方面的专业知识
- 深入了解客户问题
<无法提供的价值>
- 身为安防公司，成功案列较少，客户会缺乏安全感

⑤ 【竞争对手】
安防公司的其他竞争对手
<竞争强度>
- 有导入安防系统的成功案例
<竞争弱点>
- 食品安全对策的解决方案
- 未接触过食品行业

宏观环境

⑥ <制胜法宝>
B公司应采取安全措施以满足客户需求。B公司在食品安全对策的专业性上具有很强的竞争力，但是有一个不安因素，那就是没有导入安防系统的成功案例，需要通过与竞争对手合作或提供实证实验的方案来消除客户的担忧

123

3年后的未来时间轴（中长期视角）。

正如我多次强调的一样，客户很有可能是因为"我现在不需要"才不购买商品（导入安防系统）的。

只准备对现状提出假设的情况下，你提出的问题或启发不会具有很强的洞察力。因此，如果从构筑假说的阶段就能根据未来的构想描绘出一个理想的状态，就能给陷入僵局的商务洽谈带来翻盘的机会。

例如，"客户的目标关注点在1年后会发生哪些变化""客户的竞争对手在1年后会发挥怎样的竞争优势"，我们可以将上面这些内容填入框架中，建立假说。

此处，我推荐的调查方法是IR（面向投资者提供信息）。在上市公司提供的IR信息中就详细记录了现状问题和未来前景等，这确实是一个干货满满的信息宝库。

但如果是非上市公司，它的IR不会透露其经营业绩，任何细节问题都不会予以公布。这种情况下我给你一个建议：检索IR信息时，它的发布者可以不是你的商务洽谈对象。如果IR信息是由洽谈对象同行业的上市公司提供的，那么你就能基于业界整体课题的大局观建立假设。

实际上，能做到这一点的销售人员出乎意料地少。

"我看了贵公司的100家竞争企业的中期经营计划，用户需求发生了巨大变化，3年内最重要的课题是数字化转型。贵公司对用户需求出现的变化是否也有同感？"

如果你能在洽谈中展开这样的话题，客户就会认为"这个销售告诉我的信息很有用"，那么你就会成为客户需要的人。

即使在这次洽谈中没有拿到客户的订单，也会因为你对客户而言已经处于"一旦有困扰首先找你商量"的位置而在今后的洽谈中占据优势。

②让客户的竞争对手提供方案

和客户洽谈业务时，如果提出类似"你的竞争对手在哪里""和那家企业相比，你的优势和劣势是什么"这样的问题，大部分客户都会回答对自己公司有利的竞争优势。

其中也有一些企业会说"我们基本没有竞争对手"，但是大部分的情况都和现实不符。令人震惊的是，客户竟然对竞争对手的信息一无所知。

实际上，我在关键时刻会做一件事，那就是尝试作为客户的竞争对手的客户咨询客户的竞争对手，尝试采纳他们的提案。针对竞争对手的销售方案，比较"优势"、"劣势"和"卖点"。

这样一来，你就能顺利发现哪些内容与客户所说的不一致。从这家竞争对手那里获得信息后，再次面对客户时可以这样说。

"其实，因为我自己很感兴趣，也算是一种自我学习，我咨询了贵公司的竞争对手×××公司，尝试接受它的提案。结果发现，它的强项是……这可能和贵公司掌握的信息有些出入。"

如果你能展开这样的话题，就能切身感受到客户的洽谈态度是十分积极的。

③结合实地调查和实地考察

同样，通过实地考察而非假设来掌握事实的方式同样有效。

例如，拜访餐饮服务企业前，销售人员会事先去洽谈目标（客户企业）的餐饮店吃饭，提前进行各种调查。调查对象除了餐饮之外，还包含土地信息、建筑物的周边信息、客户办公室、客户企业的员工和氛围等。

通过接触"原始信息"，销售人员可以在事实的基础上创造话题和诉求。在某些情况下，它还有可能变成一张推进商务洽谈的王牌。

④灵活运用洽谈前的问卷调查

如今，在线洽谈和远程洽谈已经十分普及，新增的使用场景是对客户进行商务洽谈前的问卷调查。Cerebrix 公司在开拓新客户时也会这样做。如果能从问卷调查的结果中掌握客户的关注点和现状，就能更有针对性地进行洽谈准备，构建更深入的假设。

此外，洽谈前的问卷调查的魅力在于让客户自己准备好事实。在只有对话的洽谈中，客户的发言内容未必属实。很多时候，客户会凭感觉，用"大概""恐怕"等词语模糊地回答问题。

因此，我建议你在时间充裕的洽谈准备阶段开展问卷调查，让客户整理好事实关系。

有的销售人员听到这些话会产生疑问："让客户准备是不是有些不合适？"但对于工作繁忙的客户而言，最失礼的其实是毫无意义的洽谈。事前进行问卷调查对双方来说都是提高效率的第一步。

销售拜访——获得信任

接下来，我终于要开始讲解洽谈实践过程的内容了。与客户接触后的第一步是"销售拜访"，这是商务洽谈的基础。

销售拜访的目标是获得客户对自己的公司、商品以及销售人员的信任。"我想向这家公司的××销售咨询一下我们公司的问题。"必须让对方产生这样的想法。

（1）构建信任关系的4个步骤

那么，面对未曾谋面的客户，我们应该进行怎样的初次接触才能获得对方的信任呢？

在学习详细的销售拜访技巧之前，我们首先要把握整体感受。在销售拜访的过程中，为了最终获得对方的信任，可以遵循如图表19所示的构建关系的4个步骤。

大致流程如下。

①步骤0：第一印象的准备（＊在商务洽谈前完成）

②步骤1：打破围墙（寒暄、交换名片、战略性破冰）

③步骤2：让对方产生兴趣（提示目的、确认洽谈议题内容）

④步骤3：获得信任（公司介绍、服务介绍）

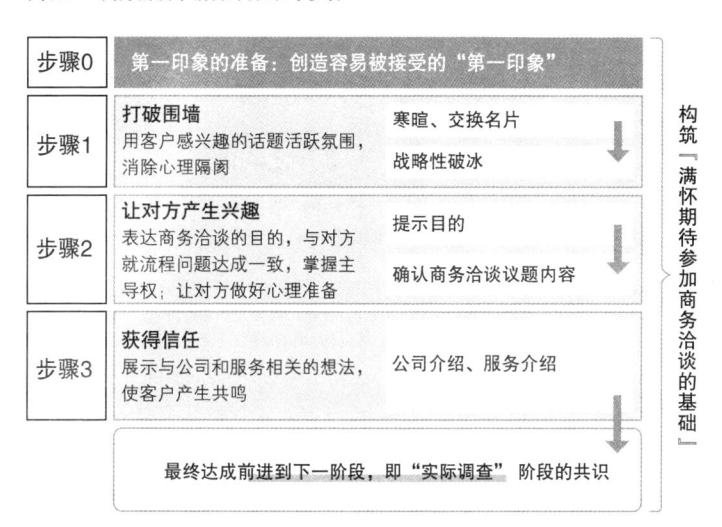

图表19　商务洽谈中销售拜访的4个步骤

步骤0	第一印象的准备：创造容易被接受的"第一印象"		
步骤1	**打破围墙** 用客户感兴趣的话题活跃氛围，消除心理隔阂	寒暄、交换名片 战略性破冰	
步骤2	**让对方产生兴趣** 表达商务洽谈的目的，与对方就流程问题达成一致，掌握主导权；让对方做好心理准备	提示目的 确认商务洽谈议题内容	
步骤3	**获得信任** 展示与公司和服务相关的想法，使客户产生共鸣	公司介绍、服务介绍	
	最终达成前进到下一阶段，即"实际调查"阶段的共识		

构筑「满怀期待参加商务洽谈的基础」

我们要通过这4个步骤与客户奠定"满怀期待参加商务洽谈的基础"。有没有这个基础，将极大地左右接下来的销售流程——"实际调查（设置课题）"的成功与否。

当然，设置课题前必须先了解客户的真实想法和客观事实。因此，在完成销售拜访后，我们需要让客户"愿意和我们商量""愿意依赖我们"。对于销售人员而言，需要将客户转变成"这位客户好沟通、善于倾听"的状态。

接下来，我会逐步解释每个步骤中包含的技巧。在此之前，我们要牢记一点，那就是要给客户留下让他们容易接受的"第一印象"。

如第1章中的"法则⑦操控'第一印象'"所述，你要意

129

识到仪表仪容是一种印象管理策略,请务必在洽谈前预留出10分钟的时间检查你的仪表仪容。从你想给对方留下哪种印象开始做准备,花些时间来消除违和感吧。

(2)"战略性破冰",打破与客户之间的围墙

一旦与客户见面,经过寒暄和交换名片之后,多半会迎来"破冰"时刻。破冰指缓解紧张的轻松对话,是消除自己与客户之间的心理障碍并保证流程顺利推进的一种方式。

很多人认为,破冰不过是为了建立关系或拉近距离的闲聊。但如果它真的是闲聊程度的对话,那就没必要在销售拜访的开头提起它了。破冰这种行为需要在洽谈过程中特意安排,如果你没有高超的聊天水平,那就不要做。

在获取约见的阶段,客户也是为了洽谈业务才和你见面的。尤其是面对新客户的时候,你更应该意识到无关紧要的闲聊是在浪费时间。

但是,如果你能灵活运用破冰技巧,效果会十分喜人。破冰中不仅包含扎实的知识和技术,还包含想法。这种破冰就像心灵传送一样,它所达到的效果如同客户收到豪华招待券。

接下来,我讲一下具体的破冰方法。

关键在于,你要这样思考。

- 不谈论社会大众新闻(天气、经济、时事等)
- 聚焦以客户为主导的新闻

也就是说,你的破冰重点是让客户想开口说话,因此不要选择一般的闲聊和时事话题,要从客户感兴趣的话题入手。

在"顾问式销售流程"之前的"客户计划"中,在洽谈准备过程中,你会接触到很多客户信息。你要从这些信息中了解客户的事业计划和想法,并且说出你特别感兴趣或产生共鸣的部分,做到这些就够了。

在洽谈过程中,你要把内心的想法像抛橄榄枝一样抛出去,客户心情愉悦,自然会积极聊天,情绪也会高涨起来。

我称这种做法为"战略性破冰"。

"今天来之前,我学习了贵公司的服务内容,这个服务能够改善一直以来我们视而不见的问题,真的非常好。我希望这种服务可以很好地推广下去。您客户那边的反响也很好吗?"

通过这种方式,你可以在对话中表达出自己对客户公司和商品的积极评价。

不过,如果你表达的是出人意料的内容,对方是不会产生共鸣的。请千万不要忘记你要找出自己真正能引起客户共鸣的内容。

此外,如果你能找到与客户的共鸣之处,又或者从洽谈开始你们就能相谈甚欢,那么战略性破冰的附加效果就是增强你在洽谈中的想法和能量。从某种意义上说,战略性破冰还能实现一个效果,即让销售代表"自己把脚从刹车上拿开"。

而且,如果你想通过聊天建立人际关系或拉近距离,那么我建议你在洽谈结束后再闲聊。比如洽谈结束后，在你和客户走到电梯口或出口的这段时间里，或者在洽谈彻底结束后，你可以说："我有件事想和您说，不过这件事和咱们的项目没有直接关系……"这样做可以让交流更轻松。

（3）震撼人心的"快速演讲"奥秘

在最初的寒暄、交换名片、破冰之后，接下来就要向客户提出目的，介绍商品或服务，让客户产生兴趣。在这个阶段，要想让客户觉得"这个销售和服务与众不同"，就必须进行能让客户心动的有魅力的"快速演讲"。

首先，你一般会在介绍自己的公司和服务上花费多长时间呢？虽然每个客户对"刚刚好"的感受各不相同，但我希望你能理解，合适的推荐时间最多是"7分钟"。第一次拜访客户，如果单方面说话超过10分钟，则意味着时间过长。

首先，你在快速演讲中介绍公司和服务信息时，要保持"略有不足刚刚好"的心态，然后再介绍商品，这完全没有问题。

在没有明确客户的价值标准之前，盲目地介绍自己的商品是卖方的一厢情愿。因为冗长的说明给听话人带来的痛苦远超我们的想象，所以一定要注意。

①在演讲中要注意"强弱"和"推进"

在此基础上，为了实现震撼人心的演讲，我有两点建议，那就是注意"强弱"和"推进"。

强弱也可以说是"缓急",主要是为了把握节奏,不让人对音调感到厌烦。这就好比过山车的行驶速度也不是持久不变的,急速下降会让人感到紧张,总保持同样的速度(节奏)会让人感到无聊。通过有意识地把握节奏的强弱,我们的目标是让最终听完演讲的客户感到"7分钟转瞬即逝"。

为了把握节奏强弱的重点,你需要具备以下意识:

- **说话节奏**
- **音量大小**
- **肢体语言**
- **突出重点**

要注意你说话节奏的快慢、音量的大小,把握节奏的强弱。特别是主语、单词、连接词一定要讲清楚,其他的则要自然而然地说出来(不是慢慢地演讲整个内容,而是有意识地、慢慢地添加强调的重点)。通过明确重要词语的轮廓,强调重点信息,让信息在对方的头脑中变得更加容易理解。

在此基础上,还要注意推进。具体来说,好逻辑是通过语境,即文脉、脉络、上下文的关系产生的。在演讲中,要把这些逻辑传递给对方,你需要巧妙地插入连接词等衔接语。请看下面的沟通示例。

> 沟通示例

"我们在行业中已经排名第一了。"

[原因]

"因为我们对技术人员的品质要求很高,所以一直积极地投入资金。同时,我们会对所有技术人员进行培训,让他们在规定的时间内体验销售和设计岗位的工作,这样他们才能为用户提供真正人性化的体验。"

[结果]

"因此,我们的用户满意度非常高,创下了用户留存率高达98%的新纪录。此外,客户的口碑推荐也帮助我们在行业中建立了不可动摇的地位。"

通过这种方式,即清晰地强调衔接语就能创造完美的逻辑。在洽谈前先大致制作一份演讲资料,试着从头到尾通读一遍,看看该如何加入衔接语,然后再从头到尾通读一遍。无论是从前面读还是从后面读,只要保证内容连贯就可以了。

②均衡分配"逻辑和情理"的信息

在快速演讲中,你必须在短短7分钟内让客户对你产生信任和兴趣。为此,你必须均衡地整合"逻辑(理性)和情理(情绪)"的信息。

有逻辑性的信息指的是实际成果和证据。

"我们有1000家商业合作伙伴。"

"我们的客户是业界最大的国际客户。"

"我们赢得了商业竞赛。"

"我们拥有1000名员工。"

"我们的创始人来自超知名企业。"

"我们的销售额有100亿日元。"

就像这样,你要拿出任何人都能接受的业绩和证据。但是,仅凭逻辑信息就能做出决策的买家,并不会做出合理的判断。而且,如果你不断地提出有逻辑性的诉求,反而会给人留下一种自吹自擂、不合常理的印象。

试想,如果你一股脑地说出上面列举的信息,你自己心里会不会觉得不舒服呢?

我们需要的是合乎情理的内容。换言之,就是一个完整的故事。

"为什么我确定的目标是要解决✕✕这个社会问题?"

"我为什么要创业?"

"为什么我的公司总能被选中?"

像这样,通过分享公司或公司服务的小故事,能够获得客户的共鸣。

Cerebrix公司在撰写介绍公司的演讲稿时,目标是通过语言节奏的强弱、逻辑和情理等信息,以"戏剧性的心理轨迹"打动客户(图表20)。

图表20　在演讲中意识到"戏剧性的心理轨迹"

> 在介绍公司和服务的时候,要有意识地讲述一个戏剧性的故事（英雄之旅）。不仅要介绍公司概要和服务功能,还要介绍隐藏在背后的想法和插曲、成功和失败的经历等,以此引起客户的共鸣。编织一个故事,让客户说出"为什么呢?""原来如此!"

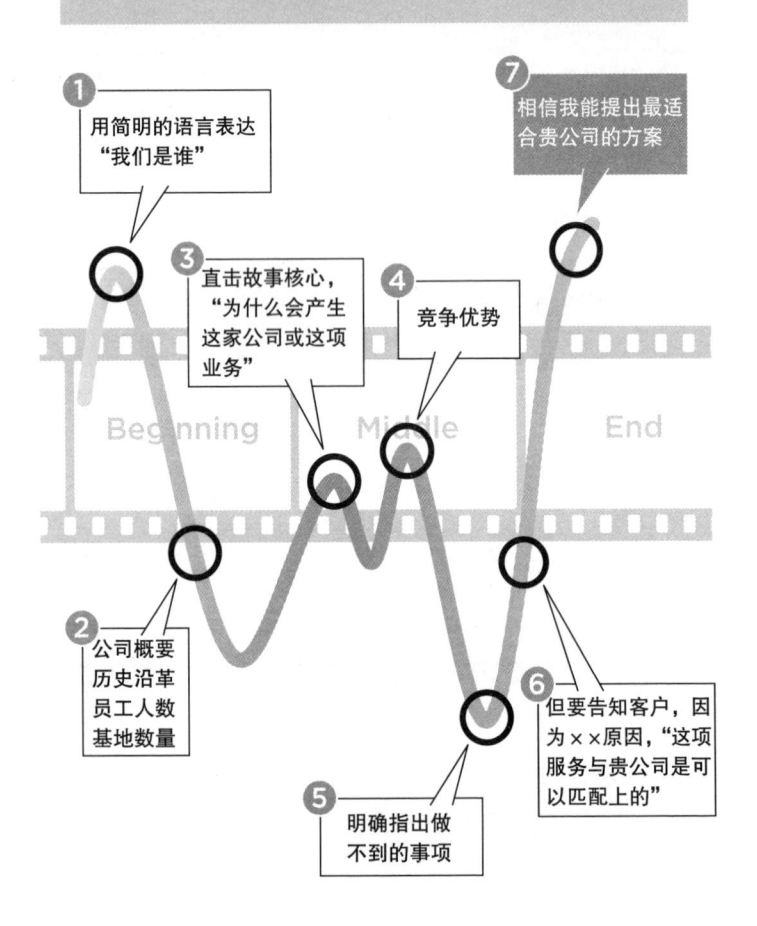

❶ 用简明的语言表达"我们是谁"

❷ 公司概要 历史沿革 员工人数 基地数量

❸ 直击故事核心,"为什么会产生这家公司或这项业务"

❹ 竞争优势

❺ 明确指出做不到的事项

❻ 但要告知客户,因为××原因,"这项服务与贵公司是可以匹配上的"

❼ 相信我能提出最适合贵公司的方案

Beginning　Middle　End

在现实的演讲场景中，很多人会解释"我们提供了什么"，但很少有人会解释"我们为什么要做"。

然而，人们不会对一个从头到尾都没有转折的故事投入感情，将这种逻辑和情感内容以一种平衡的方式结合起来，演讲和整个商务洽谈才会成为一部充满戏剧性的作品。

此外，表达方式还有一个诀窍：逻辑性的内容要用比较沉着、礼貌的措辞进行表达，而情理性的内容要融入感情，节奏强弱分明。与逻辑性强的内容相比，精力充沛的介绍更能激发情感。

（4）有意识地创造愉快的交流体验

即使我们可以讲解技术性的商品、介绍公司，最终的大前提还是要进行人与人之间的交流。任何人在进行洽谈时心里都会想：用什么方式交流才能和这个人顺利沟通呢？你应该重点关注你面前的这个人。

基于这个理念，Cerebrix公司在传达设计中使用了行为倾向分析和调查工具"DiSC个性测验"。

现实生活中确实存在一种能让人们感到愉快的沟通方式。

1928年，心理学家马斯顿博士提出，人类基于情感的行为倾向大致可分为4种风格。美国John Willey&Sons公司根据这4种行为倾向，在50多年前开发出了行为倾向分析和调查工具"DiSC个性测验"。它融合了最新的心理学知识和测量方法，至今仍被广泛应用于世界各地的教育和交流领域。

Cerebrix 公司建议在商务洽谈中融入"DiSC 个性测验"的概念,以便与客户进行顺畅的沟通和建立良好的关系。有意识地建立让对方感到愉快的沟通模式可以减少遇到难相处的客户的可能性。

①重要的不是"性格",而是"沟通方式"

虽然市面上有很多分析评估工具,但"DiSC 个性测验"特别适合商务洽谈不是因为"性格诊断",而是因为使用者可以"掌握对方喜欢的沟通方式"。

在商务洽谈中,你的性格并不是那么重要。让客户感到愉快的沟通方式是什么?理想的销售人员是什么样的人?能够从对方的感受出发"扮演理想"的人,才能控制销售的结果。

那么,我们来具体学习一下"DiSC 个性测验"的 4 种风格的分类。

- D 风格(Dominance,支配性——意志坚强)
- i 风格(influence,影响性——乐观和善于交际)
- S 风格(Steadiness,服从性——体谅、合作)
- C 风格(Conscientiousness,稳定性——正确、慎重)

具体情况如图表 21 所示。

第4章 | 线索销售：如何打造决定成败的"有发展前景的项目"

图表21 "DiSC个性测验"分析的4种沟通方式

	自我主张强	
重视逻辑	**D (Dominance) 风格** 意志坚强 ・行动力强、决断快 ・强硬、发言直接 ・好胜又有挑战性 ・重视结果，结果主义者	**i（influence）风格** 乐观和善于交际 ・性格开朗、外向 ・喜欢与人接触 ・感情表现丰富，积极向上 ・韧性和缜密性不足	重视情感
	C(Conscientiousness) 风格 正确、慎重 ・细致谨慎 ・喜欢计划性和程序化 ・害怕出错 ・自我型的分析师	**S(Steadiness) 风格** 体谅、合作 ・帮助他人 ・有想法但不发言 ・勤奋努力 ・不善于改变，追求安稳	
	保守	

139

实际上，如果再进一步细分的话，这4种风格还可以细分为12种风格。但在见面的短短几分钟内，能看透对方属于哪种风格几乎是不可能的，所以在商务洽谈时，只要记住大致的4种风格就足够了。

②把客户划分为4种风格的方法

那么，在实际的商务洽谈中应该如何辨别客户喜欢的沟通方式呢？根据我的经验，没有必要一开始就强行套用其中任何一种风格。"在4种风格中，这2个特征比较明显吗？"我认为可以从这种假说开始思考。

例如，与你初次见面的客户很爽快地介绍了自己的情况。这时，我们会认为"这个人的风格倾向于D（意志坚强）和i（乐观和善于交际）"。这样，我们就可以先用"D/i"和"S/C"这种一分为二的方式建立假设。这2种风格分别具有各自的倾向和特点，如图表22所示。

接下来，如果沟通逐步加深，我们将重点关注"D""i""S""C"中哪种倾向更加突出，将风格从2种扩展到4种。

例如，如果有人说话声音很大，像机关枪一样，我们会推断"这个人可能属于i风格"。在此基础上，我们会根据推断出的风格倾向，调整与洽谈对象的沟通方式。

但是，沟通风格是可以通过经验和技能来弥补的。因此，虽说推断出了对方的风格倾向，也不能一概而论成指定的风格，这可能会让我们遭遇惨痛的失败。归根结底，在沟通中我们要灵活运用这种假设。

图表22 "洽谈对象有哪些倾向？"首先，通过一分为二来缩小范围

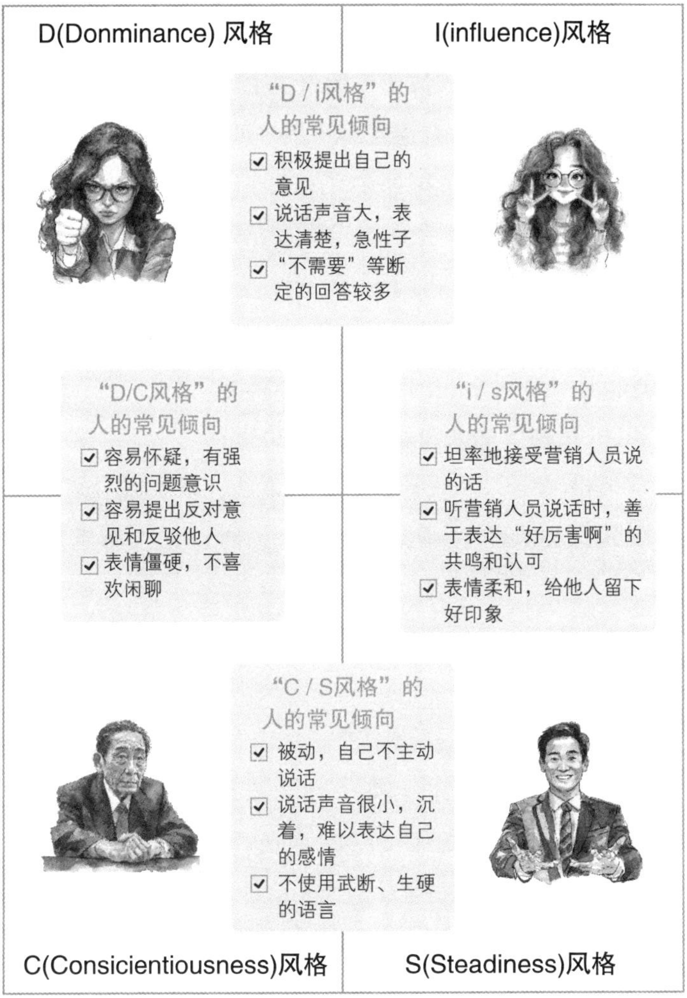

D(Donminance) 风格

"D/i风格"的人的常见倾向
- ☑ 积极提出自己的意见
- ☑ 说话声音大，表达清楚，急性子
- ☑ "不需要"等断定的回答较多

"D/C风格"的人的常见倾向
- ☑ 容易怀疑，有强烈的问题意识
- ☑ 容易提出反对意见和反驳他人
- ☑ 表情僵硬，不喜欢闲聊

I(influence)风格

"i/s风格"的人的常见倾向
- ☑ 坦率地接受营销人员说的话
- ☑ 听营销人员说话时，善于表达"好厉害啊"的共鸣和认可
- ☑ 表情柔和，给他人留下好印象

"C/S风格"的人的常见倾向
- ☑ 被动，自己不主动说话
- ☑ 说话声音很小，沉着，难以表达自己的感情
- ☑ 不使用武断、生硬的语言

C(Consicientiousness)风格

S(Steadiness)风格

③根据客户的风格进行商务洽谈

对客户的风格建立一定程度的假设后,重点就是沟通方法的选择了。

和"D风格"的人沟通(图表23)

"D风格"的人拥有强烈的"想自己控制"的欲望,他们在沟通时会有意识地透露对方想知道的事情,直截了当地告诉对方结论。他们的准则是回答问题的结论,不做任何多余的解释。因为这类人更加倾向于追求结果,所以销售人员只要充满自信,明确地提出方案——"我们能带来什么",给出简单易懂的选项让"D风格"的客户去选择就可以了。

和"i风格"的人沟通(图表23)

"i风格"的人喜欢社交,喜欢说话,喜欢成为话题的焦点。因为这类人也欢迎提问和讨论,所以让人感觉很容易沟通。

但是,和"i风格"的人沟通很容易跑题,所以掌控局面很重要。

销售人员要注意适当地掌握话题内容和商务洽谈方向,引导它们回归正常的轨道。如果你无法控制,很可能会发生"该问的事情一半都没有问到,洽谈就结束了"的问题。

此外要注意,即使双方在整个洽谈过程中表现得十分愉快,也会对对方的表情和态度非常敏感,所以一旦发现对方不太感兴趣,另一方的心情就可能会立即陷入谷底。

和"S风格"的人沟通（图表24）

"S风格"的人的特点是给人感觉很好，能够接纳销售。但是因为这种风格的人的沟通方式总是一成不变的，所以销售人员很难判断洽谈是否真的有效。

而且，由于"S风格"的人本来就不擅长拒绝和否定，所以即使洽谈的时候对方的反应很好，也会容易产生无法完成签约的"前景渺茫的项目"。

此外，由于"S风格"的人无法清晰表达出自己的意见和信息，所以需要销售人员适当地询问他们是否有焦虑和担忧的地方，确认并接纳他们的心理状态。

和"C风格"的人沟通（图表24）

"C风格"的人不喜欢无谓的沟通，因此不破冰才是上策。

在人际关系中，他们具有这样的倾向：因为在优先顺序中"留下好印象"的顺序靠后，所以即便是初次见面，他们也是"说话时没有笑容""交换名片时无法和销售人员对视""声音很小"。而从销售人员的角度来看，很容易认为客户感到"很无聊"或"很生气"。

事实上并不是这样的，他们只是把注意力都放在了说话和信息上而已。

沉默的时间很长，这通常意味着客户正在思考。这时，如果销售人员给予对方多余的信息，对方的思考节奏就会被打乱，很容易产生不快。所以，给对方一点时间，让他慢慢思考吧。

图表23　面对"D风格"与"i风格"的人的沟通设计

"D风格"的人的常见倾向

① **清晰明了和开门见山先讲结论**
表达干脆，中途不掺杂多余的个人感情；沟通时注重事情的"关键是什么"

② **面对胜负绝不服输**
这类人喜欢绝不服输的个性，因此在无风险的情况下，销售人员要保持"我断定"的姿态

③ **提供选择方案**
这类人想自己做决定，销售人员可以先提供2~3个方案供其选择

- ☑ 催问结论，"结论是什么""关键是什么"
- ☑ 如果心里很在意，哪怕打断别人说话也要问
- ☑ "我不需要这个功能"等自我意识强

"i风格"的人的常见倾向

① **表示出"购买意愿"就立即行动**
要明白这类人并非随便，而是善变（喜怒无常）

② **重视趋势和气氛**
即便话题偏离主题，也要表示共鸣以转换话题

③ **避免长篇大论地谈论数据**
把数据当成"锦上添花"就够了

- ☑ 声音、肢体动作等反应大
- ☑ 自己说话自己笑
- ☑ 一旦销售人员显示出自己感兴趣就话多，且容易跑题

第4章 | 线索销售：如何打造决定成败的"有发展前景的项目"

图表24　面对"S风格"与"C风格"的人的沟通设计

"S风格"的人的常见倾向

① **不擅长一个人做决定**
会征求别人的意见
"你不介意的话，我们一起考虑可以吗？"把身份转变成可商量的对象

② **一边说着"知道了"，一边拖延回复**
要明白这不是懒散行为，而是可能存在某些问题；首先要提问

③ **在对话中不追求目标**
和对方产生共鸣的时间要比对话更有价值；偶尔只是陪对方聊聊天也很好

- ☑ 即使没兴趣也会点头或表示赞同
- ☑ 积极发言，对方不问不回答
- ☑ 发言不够直截了当，大量使用修饰词

"C风格"的人的常见倾向

① **保持和对方步调一致**
洽谈中的沉默是"整理思路的时间"；过多的解释会让沟通效果大打折扣

② **拿出过去的案例和数据来获取认可**
"C风格"的人倾向于拥有自己的见解；即使没有数据，案例和依据也很重要

③ **提前决定好最后期限（截止日期）**
很多时候判断需要较长时间，因此要提前决定好最后期限

- ☑ 面无表情，让人看不透表情和情绪
- ☑ 边思考边说话，"停顿"的时间很长
- ☑ 说话声音小，反应和提供的信息量少

* 基于"DiSC个性测验理论"的自我行为分析工具的版权归John Willey & Sons 所有。本书刊登的信息是由Cerebrix 公司根据HRD股份有限公司提供的"Everything DiSC® Workplace"进行加工编辑后的内容。本书作者参与并完成了由HRD股份有限公司主办的"DiSC个性测验认证研讨会"的课程，取得了注册认定资格。

145

上述内容是在商务洽谈中灵活运用"DiSC 个性测验"建立关系的具体解释。在 4 种不同风格的洽谈中，出现的倾向分别总结在图表 23 和图表 24 中，供你参考。

此外，这里介绍的只是一小部分信息，如果你想更详细地了解，请务必查阅"DiSC 个性测验"的专业书籍。

实际调查——设置课题

接下来我将为你讲解销售能力中的精髓——"设置课题的流程"。成功的销售与失败的销售，两者之间最大的差距就在这个部分。

越是业绩不好的销售人员，越喜欢说"今天的客户没有提出问题"。这种说法不对。只要是谈业务，就不存在没有问题的客户。"你提前准备好的假设和问题不是客户要解决的课题"，这才是真相。

造成严重差距的实际调查（设置课题）能力从某种意义上可以解释为"终极销售能力"。

（1）仅征询意见是没有意义的

实际调查的字面意思是"掌握事实"。

一般来说，在"提案型销售"中，拜访客户后的行动就是征询意见。但是，Cerebrix 公司对这种征询意见的流程提出了异议。

因为征询意见就是听取意见。在征询意见中能够设置课题的客户，要么有强烈的问题意识，要么有明确的需求。但在传统销售中，很多客户的需求并不明确。在这种情况下，如果你像"寻宝"一样发问是无法控制结果的。

另一方面，在销售中表现出色的人往往会对客户所说的信息产生善意的质疑。"这个信息可能是客户的臆想""第三者的视角应该会察觉出问题"等，总会从客户的发言中挖掘隐藏的信息。对他们而言，实际调查并不是询问课题，而是"一起发现课题"的共同作业。

事实上，一起发现课题需要的是"通过提问发现问题"和"倾听的态度"（图表25）。

图表25 通过"提问"和"倾听的态度"共同寻找问题

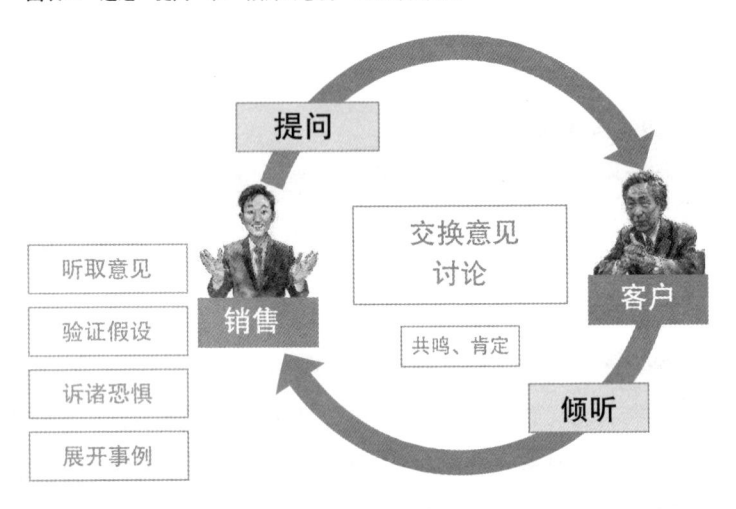

那么，我们要如何进行沟通才能发现课题呢？这里我们还是以安防公司为例，一起来学习方法。向客户提出问题的方式也有好几种模式。第一种模式是直接抛出已经准备好的问题和需要确认的项目，然后听取客户的意见。

> **沟通示例**

"贵公司采取了什么样的安全措施?"
"目前安装了多少监控摄像头?"

第二种模式是验证自己建立的假设。

我们将以前文"3C+2C×宏观环境"框架中准备好的假设为基础,听取客户的意见和想法。

> **沟通示例**

"贵公司的合作方,比如餐饮服务企业,未来有没有可能提高安全措施的合作标准?"
"未来消费者购买商品的标准是否会促使企业做出安全和安心保障的承诺呢?"

此外,虽然多少存在一定的风险,但"诉诸恐惧"(展示恐惧和风险的方法)也很有效。需要注意,这种方法一旦使用过度会在洽谈中营造威胁的氛围。但当正面洽谈却进展不下去的时候,它可以成为你提出问题的筹码。

> **沟通示例**

"如果出现问题,贵公司面临的最大风险是什么?"
"现在使用的安全措施,在发生问题时能得到客户'他们已经尽力了,实在没办法'这样的认可吗?"

最后是展开客户事例。通过展示具有类似情节的事例，让客户意识到类似的问题和需求。

沟通示例

"最近，食品行业普遍对安全和安保措施感到十分担忧，贵公司是否也对此很感兴趣呢？"

"以下是我们进行的'消费者对冷冻食品需求的问卷调查'的结果。贵公司有什么想法呢？"

像这样，为了了解客户的真实想法，有时候也要选择提问方法，特意去追问那些难以启齿的问题。

这个过程中，倾听的姿态非常重要。所谓倾听，是指用真挚的态度听对方说话。"我是销售当然要提问"，这种想法十分荒谬。

也有很多销售人员拼命地提问，对客户的回答不是随便附和几句就是不予回应。沟通不能只考虑方法，首先要拿出你的兴趣和关注点与对方进行正常的交流。

同时，倾听也是一种贴近对方内心和感受的态度。如果你深入挖掘对方的真实想法，一味地追问"为什么"，那么你的询问语气会给对方带来很大的压力。

沟通示例

✗ "贵公司的安全措施已经万无一失了吗？"

"还称不上无懈可击。"

"为什么?"

"因为没有全方位的监控摄像头。"

"为什么呢?"

√ "贵公司的安全措施已经万无一失了吗?"

"还称不上无懈可击。"

"是吗?佐藤先生您为什么会有这种感觉呢?"

"因为监控摄像头不是全方位监控的,所以不能说是万无一失。"

"原来是这样。那您认为的理想状态是什么样子的呢?"

通过这种沟通方式,我们在牢牢掌握问题的答案的同时,又把问题抛回给了对方。这时,如果能适当地了解客户的想法和意图,你就能更加接近理想的洽谈状态,也就是客户认为的"你是他的倾听者"。

(2) 设置课题的公式:"3 个步骤+7 个事实"

很多人认为每个企业的课题设置是千差万别的,但实际上其中都有一定的推进方法。这个方法就是"从'3 个步骤'中发现'7 个事实'"。

所谓课题,指的其实是在商务场景中应该解决的事情,即"解决问题的对策"。

有人经常把问题和课题混为一谈,严格来说,两者截然不同。问题是指进展不顺利,它是一种消极的事物,放任不管会有危险；课题则是指努力解决这个问题，它是一种积极的事物（图表26）。

图表26　不要将问题与课题混为一谈

问题	理想状态	课题
消极		积极
理想与现实的反差 进展不顺利的事情 不得不改变的事情	内容	必须解决的事情 解决问题的方法 应该做的事情
・业务目标进展缓慢 ・每月成交订单数量不足10单 ・人手不足 ・人员稳定性较低 ・现有的招聘方法招不到员工	例	・确保能够实现业务目标的人员 ・做好每月多加10个订单的准备 ・尽快增加销售人员的人数 ・建立易出成果的机制 ・进行业务外包等

问题和课题虽然不同，但它们都必须与内容相关联。从某种意义上说，销售人员应该做的事情是将问题升华到课题。

在认识到问题和课题的差异后，我们的目标应当是在洽谈中通过"3个步骤"发现"7个事实"，然后设置课题。

这3个步骤分别如下。

①业务理解的步骤
②识别问题的步骤
③课题设置的步骤

如果通过这3个步骤最终能与客户达成协议，那么实际调查就成功了。

但是，课题设置也会出现"不清楚应该询问哪些信息"的问题。如果只问一些表面的信息并提出解决方案，客户只会说"这个我早就知道了"。

因此，找出"7个事实"的目的是在洽谈中发现连客户自己都还没有意识到的"潜在需求"和"应该实现的真正的目标"。在课题设置中，我们需要按照"3个步骤"找出"7个事实"。

"3个步骤"和"7个事实"的相互关联性如图表27所示（①~③是步骤，ⅰ~ⅶ是事实）。

图表27 从"3个步骤"中发现"7个事实"

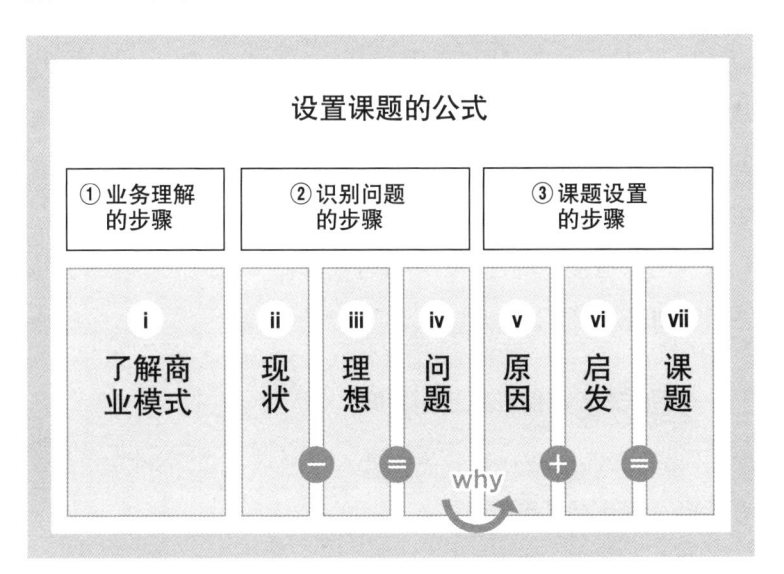

设置课题的公式

① 业务理解的步骤	② 识别问题的步骤	③ 课题设置的步骤
ⅰ 了解商业模式	ⅱ 现状　ⅲ 理想　ⅳ 问题	ⅴ 原因　ⅵ 启发　ⅶ 课题

（ⅱ − ⅲ = ⅳ　why　ⅴ + ⅵ = ⅶ）

通过这样细分，销售人员能够清楚地知道在哪个步骤中没有问出信息。下面我来解释一下"3个步骤"各自的沟通方式。

①业务理解的步骤

首先是了解客户的商业模式。了解的内容主要是客户的商业营利方式和服务价值，例如"以什么样的理念""面向什么样的目标人群""提供什么样的商品"。销售人员要通过接触商业背后的想法和目标，发现更深层次的信息，因为这些信息仅凭洽谈准备是无法查到的。

②识别问题的步骤

在这一步，我们通过填写公式"现状－理想＝问题（差距）"来发现问题。在医疗领域，这就是医院常说的"检查"。

我们常说，问题是"理想和现实的差距"。

据说从理想中去掉现实更容易发现问题，但是在销售中，从现状开始提问，客户更容易回答。在了解现状的基础上去询问理想，对话进展得会更自然，所以我建议采用"现状－理想＝问题"的公式。

我们以前文安防公司的销售方案为例，通过一些提问引导客户回答并将答案逐一填入公式。

沟通示例（探听现状的提问）

"最近食品安全对策和异物混入问题闹得沸沸扬扬，贵公司采取了哪些对策呢？"

"目前贵公司的安全对策的标准是什么?当时导入的目的又是什么?"

"以目前的安全管理对策标准来看,您认为贵公司的完成度大概达到了百分之几?"

沟通示例(找出理想的提问)

"您希望企业品牌给消费者留下什么样的印象?"

"在贯彻贵公司业务理念的基础上,在安全管理和风险管理方面,您绝对不希望发生的问题是什么?"

"为了实现这个目标,贵公司是否需要做到'人员和商品的溯源(追溯)',也就是'谁''在什么时间''在什么地方''做什么'?"

沟通示例(通过"现状-理想"推导出问题)

"风险控制可能不足以满足客户所期待的销售额、品牌影响力和市场份额。出现问题时,是否很难向消费者解释?例如,我们只对设施进行人员出入的管理,但是无法对人员进行追溯。万一出现紧急情况,是否会有束手无策的风险?"

通过进行这样的对话,我们可以展示出现状与理想之间的差距。

事实上,在开展业务的过程中,想让公司发展下去就一定会发生问题。如果我们关注"客户想做什么""客户该怎做"，自然能注意到未完成的事情以及必须越过的障碍。

但是，即便弄清了问题所在，如果这个问题是销售人员武断地凭感觉找出来的，也不过是自我满足而已。因此，销售人员要一边获得客户的共鸣，一边进行提问。

③课题设置的步骤

最后，为了解决已经明确的问题（与理想的差距），我们要设置诸如"为什么会发生这种问题""如何才能解决"这样的课题。

用公式来表示课题设置的推进方式，就是"原因+启发＝课题"。

沟通示例（锁定原因的提问）

"到目前为止，您是如何考虑安全对策和安全投资的优先顺序的呢？"

"现在还没有采取行动的原因是什么呢？"

"贵公司没有完善的商品和人员追溯的条件，您认为原因是什么呢？"

沟通示例（引导启发的提问）

"由于社会对食品安全的要求很高，我们应该根据重要程度调整安全措施的优先顺序，以维护企业形象和履行社会责任。为了让消费者想起我们是一个安全品牌，在行业里我们应走在前面去追溯问题，更应该去发布相关消息。因为终归需要投资,所以尽早应对风险就会降低,还能改善消费者的印象,这样的效果不是更好吗?"

沟通示例（设置完成的课题）

"综上所述,贵公司未来需要努力改善的内容如下。

"·加快对安全的投资,控制风险和树立安全品牌

"·为此,我们的目标是向消费者宣传'使用最新的系统和概念来应对'

"·这里的重点是加强安全保障,让商品的制造过程处于可追溯的状态

"您是不是也认为有必要具体推进这项计划呢?"

以上仅供参考,但是我们的目标还是要达成共识。有意识地填写公式时,你就会轻松发现"为了设置课题,现在还缺少哪些要素"。

销售流程中最重要的部分就是"实际调查",所以我想分享一些其他沟通案例。图表28和图表29是"利用AI（人工智能）功能的选拔型招聘服务"的销售案例。

请注意,图表28只是"浅显地征询意见",图表29则采用了通过"3个步骤"发现"7个事实"的做法。不同的提问方式会带来完全不同的课题设置结果。

也许你已经注意到了。通过"实际调查"与客户沟通,最后更容易将普通客户变成优质客户。事实上,如果你按照

"发现'7个事实'"的方式向客户提问,沟通会更顺畅,该问的问题也能轻松地问出来。

(3) 不要试图获取销售信息

我看过的一些销售书籍中是这样写的,"客户说6,销售问4;或者客户说7,销售问3,客户说的越多越好"。从我的经验来看,这取决于洽谈的内容、客户的性格以及对课题的认知。

说话的多少和时间都不重要,重要的是我们是否深度挖掘并寻找到了潜在需求、为实现理想设置了真正的课题。

此外,我在销售培训的演讲中讲解课题设置的"3个步骤+7个事实"时,经常有人提出疑问:"实际提出方案时,我常常不知道何时该询问自己需要的详细信息,比如预算范围和决策者的情况。"

从结论来说,我会告诉他们:"设置好课题之后,请多提问。"当然,如果沟通需要的话,在"3个步骤"中询问客户就可以了。但是对销售人员来说,想获取销售信息,还要向客户追问一些和"发现课题"无关的问题。在这个过程中,我们应该聚焦在课题设置上。

此外,当解决课题、购买商品或服务等变成客户的重点活动之后,销售人员可以尽情地询问更多细节。这样做反而可以获得精确的信息,而不是模糊的信息。

图表28　当只是"浅显地征询意见"时

> 贵公司目前是否因劳动力短缺而感到困扰？

> 怎么说呢，虽然现在人手不是很富余，但也能正常运转。（即便增加了人手也不知道会怎样；反倒是现在的员工都卖不出去商品更让人头疼。）

> 这样啊。因为艾杰飞那边已经发布了贵公司的招聘信息，所以我以为贵公司正在招聘。顺便问一下，贵公司的需求是什么？需要的岗位和人数有多少？（好麻烦啊。如果他们不招聘，这个方案真是不好提啊。）

> 招的话可能是销售岗位吧。大概需要1个人。（我也不清楚网站那边的情况，那边大概一直在发布信息吧。再说，我们也没想招人。）

> 您的情况我清楚了。贵公司计划招聘到什么时候？（他们可能会招1个人，我再深挖一下他们的需求。）

> 因为我们现在也忙得过来……反正有合适的候选人就会考虑。（这个人到底听没听我在说什么啊？）

↓

了解了，谢谢您！顺便问一下，贵公司现在已经有求职者了吗？

还没有呢。不过，我们也不着急。（真让人烦躁，都说了我们没有这方面的困扰。）

贵公司现在开展招聘活动了吗？（好难啊，不过我还是要找个突破口。）

现在确实没有。偶尔，如果内部推荐（介绍）有合适的人选，也会安排面试。

我明白了！内部推荐可以找到优秀的人才！（提高人员稳定性应该是一个突破口！）

嗯，差不多吧。（奇怪，你明白什么了？）

第4章 | 线索销售：如何打造决定成败的"有发展前景的项目"

图表29　当发现"7个事实"时

现状：您目前是如何开发客户的呢？

我们公司的客户开发业务团队里有市场营销人员2名，销售15名，还有客服2名。

理想：您在开发理想客户时，中长期的目标是什么呢？

我们的目标是在2年后让200家公司成为我们的客户。

理想：谢谢您的解答。但为什么是2年后呢？达成这个目标很重要吗？

当然很重要。因为我们设定的是2年后的IPO（首次公开募股）目标。根据我们的销售额和未来的增长潜力计算，开发客户的数目才最终被确定为200家。

问题：是这样啊。听说目前贵公司的客户有100家，这样的进展情况理想吗？

不太理想。原来的计划是200家，我们必须采取一些对策……

原因：了解。贵公司目前只完成了50%的计划，您认为原因是什么呢？

因为有些商品在市场上的认知度不够高，所以会卖的销售和不会卖的销售之间的差距就显现出来了。

161

原因：也就是说，需要具备发现销售方法的能力。那么，贵公司有多少人完成了目标呢？完成目标的人和未完成目标的人，他们之间有什么区别？

10个人里面大概有3个人能完成目标吧。差距是……我们本来招聘了很多有销售经验的人，但是发现这对业绩而言并没有什么影响，反而是曾经有过招聘或人事经验的人比较理解客户的工作内容，他们的业绩都很不错。

启发：这么说，如果招聘一些有人事、招聘经验或者HR专业知识的销售，是不是就能实现目标了呢？

确实是这样，我觉得会离目标更近。

启发：谢谢您的回答。您现在招聘有人事、HR相关经验的销售职位吗？

还没有。我们还不缺人，所以招聘没有那么积极。

启发：单纯从人数来看确实是这样。不过，像您刚才说的，照现在的情况很难实现2年后的目标，对吧？

是的，确实和您说的一样。完成业绩的销售越来越多，成功模式也能横向扩展，也许这还是一件一箭双雕的好事。

第4章 | 线索销售：如何打造决定成败的"有发展前景的项目"

启发：再加上现在这个行业很火，竞争对手也越来越多，所以有必要尽早招聘，扩大市场份额。

您说的很对，不能掉以轻心。

课题：那么我来总结一下。贵公司的目标是在2年后完成与200家新公司签约，但目前的进度只达到了预期计划的50%。这样下去可能很难实现目标，因此贵公司需要招聘的销售人员应该具备这样的特点：从事过人事和HR行业且做出过成果。更何况，根据市场行情和竞争对手的动向，贵公司也需要尽早开始招聘工作……您看我的理解有误吗？

没错。我已经清楚该做什么了。

课题：真的吗？您这么说我实在是太高兴了。顺便说一句，我认为我们的 AI Scout Service 可以为贵公司的人才招聘贡献绵薄之力。如果方便的话，我能给您讲一讲具体的方案内容吗？

当然，您请讲。

原本不打算购买（招聘）的客户，最后变成了认为有必要导入AI Scout Service系统的客户。

163

补充一点，销售提案的素材收集不一定要通过实际调查来完成，也可以在下文的"订单控制"流程中调查相关信息以巩固提案。

订单控制——需求定义和下一步操作设计

订单控制是指"客户订单内容的调整",它是为了需求定义和下一步操作设计而设置的销售流程。

在实际调查的过程中,以下3个项目内容的存在是为了和客户确认他们已经认可的"希望解决"的课题。

- 客户能够接受什么样的提案(需求定义)
- 提案的评价标准是什么,由谁来评价(战略信息的确认)
- 如何安排下一步来推进具体的提案(下一步操作设计)

正在阅读此书的你,过去是通过获得以上这"3个认同"来推进商务洽谈的吗?

如果你没有,那就等于主动放弃了控制洽谈的方向盘。

"谁参与了决策""如何让决策相关人士接受它",如果你不清楚推进洽谈的方法,就不能说你能够把控洽谈。

(1) 弥补客户的提案需求和销售提案之间的"差距"

首先,要进行"需求定义"。需求定义是一个主要用于系统开发行业的词语,意思是"汇总系统中所包含的要求"。

在销售行业,则表示"汇总提案中包含的要求",目的在于和客户讨论方案的大致内容，消除客户想要的方案与销售人员实际提出的方案之间的隔阂。

在需求定义中，要细致地讨论方案的方向（图表30）。

图表30 "需求定义"中应与客户讨论的内容

目标·解决课题	导入系统的目的和主题 预估KPI（关键绩效指标）
方针	解决课题的目标是什么(目标是一次性解决、划分阶段解决，还是按照优先顺序解决)
日程	解决课题的计划或整体计划(实施需要多长时间、何时开始)
体系·计划	为了解决课题，双方需要讨论提供的服务和提供的机制(使用的系统和工具是否符合预期设想)
预算	如何做预算(是根据预算提出提案，还是提出解决课题的方案来确保预算)
提案大纲	确认提案书所需的项目(目录和主要内容是否和设想一致、希望提案书中包含哪些内容)
其他	除了提案之外，还要掌握必要的信息

推进方法如下。

第一，我们要和客户讨论最终目标和阶段目标的内容，帮助客户实现他们的目标并确定方针，即"本次提案的目标是什么"。

例如，你可以制订一个"整体计划"（我一般叫它"宏伟计划"），如果在整体计划中分阶段展示出第1年、第2年、第3年的目标内容（预估KPI），那么对客户而言销售人员就会从"卖方"的身份转变成"咨询对象"。

第二，我们要设置"日程"。如果在这里没有达成协议，那么客户会认为这不是一个紧急项目，无须现在签署合同。"因为我们12月份很忙，需要在10月份习惯新系统的操作使用，所以8月份导入系统是比较理想的。这样的话，我们最好现在就开始讨论一下吧。"这就是从客户所处的情况出发，倒推日程。

第三，我们要讨论"体系和计划"，重点是推敲解决课题的"商品"。

例如，针对"招聘人员"这一课题，有效的方法有媒体刊登、内部推荐、从其他公司挖人、外包等。我们可以从各种解决方案中确认提供的商品是否存在问题。

如果在此阶段发现解决方法中存在问题，放弃提案也许才是明智之举。这时候应该回到实际调查阶段，重新设置课题。

第四，我们要讨论"预算"。"您有多少预算？"随口提问是最糟糕的洽谈推进方式，因为在传统销售中，客户一般无法确保预算额度。

再加上，如果你问客户大致的预算范围，那么你从客户嘴里只能听到毫无逻辑性的数字。一旦销售人员问出了预算额度，为了控制预算，他只会考虑"降低质量的提案或能优先保证预算金额的方案"。

因此，我推荐的提问方法如下。

> **沟通示例**

"我有一个关于预算的问题。为了解决贵公司提出的课题，我想提出一个比较可行的方案。我认为根据报价单来调整预算的方法更适合贵公司。那么在项目推进方面，您还有其他需求吗？"

如果你这样提问，一来很多客户都会同意你提出的方案，二来如果必须确定预算范围，客户也会告知你预算的金额。这样能够避免根据客户提出的大致预算金额而提出"已有预算的方案"。

(2) 让洽谈对象成为核心负责人，进行"内部销售"

在讨论确定提案的方向后，下一步是确认制定具体提案内容的"战略所需的必要信息"。调查战略信息主要分以下2种。

- 客户的"评价/判断"标准
- 决策者/决策途径/登场人物/利害关系相关人员

企业一旦进入购买的讨论阶段，关注点就会转移到"选择哪家公司的商品""购入商品后能否真正解决课题"等方面。

也就是说，销售人员需要证明本公司的竞争优势和可行性。因此，如图表31所示，"与竞争对手的比较""与现状比较时的评定标准""回顾以往的订货内容，客户最重视的方面

第 4 章 | 线索销售：如何打造决定成败的"有发展前景的项目"

是什么"，了解到这些信息，之后的洽谈自然就容易掌控了。"从哪些方面进行评价？"了解了这一标准，就能对提案内容进行加工，从而得出最适合客户的提案。

图表31　客户的"评价/判断"标准是什么?

与竞争对手比较/与现状比较	与客户公司内部情况对比
·公司知名度/业绩 ·价格/预算 ·功能/规格 ·性价比/可行性 ·需求匹配度/条件匹配度/交货日期 ·提案内容与解决课题的匹配度	·能否在公司内部完成？ ·是否需要公司外部资源？ **其他** ·销售人员的性格/信任度 ·关系/公司之间的相关性 ·内部政治 ……

不仅如此，我们还要了解洽谈的决策者和决策途径。通过询问最终决策者、向决策者提交报告的建议者（洽谈对象的上司等）和其他利害关系人，来把握"谁会在什么阶段影响决定购买该商品"以及"影响的程度如何"。

这是因为在客户购买商品之前，还需要作为"公司内部推进者（核心负责人）"来说服领导同意（图表32）。

从某种意义上说，这个领域是销售人员参与最少的领域。

图表32　商务洽谈对象进行"内部销售"的流程

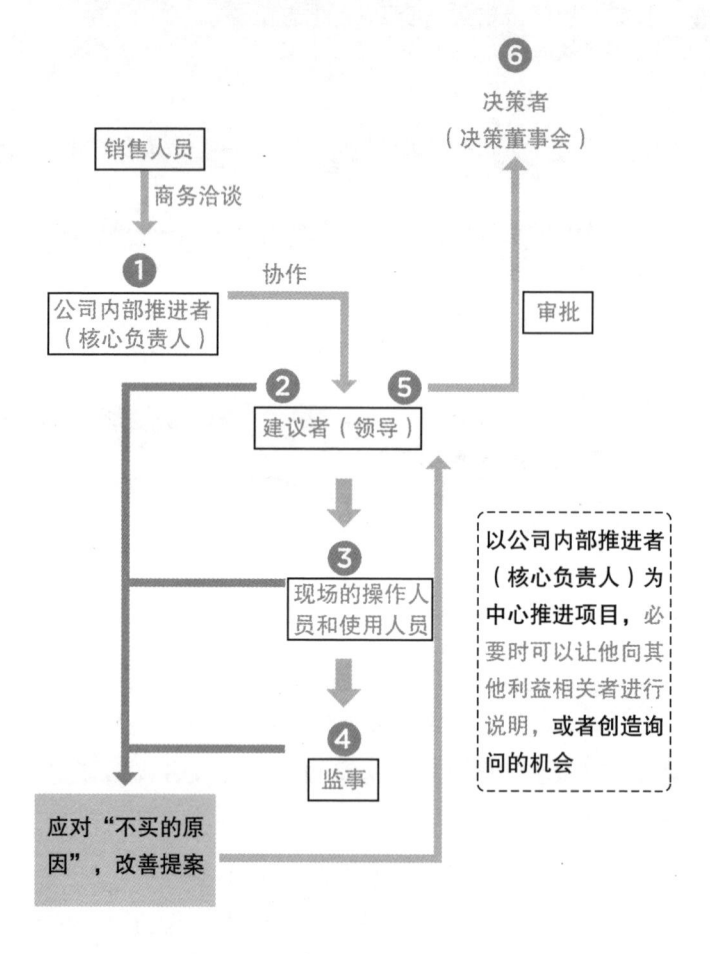

```
                                              ❻
                                           决策者
                                         (决策董事会)
                                              ↑
           销售人员                            │
              │ 商务洽谈                       │
              ↓                               │
           ❶             协作                  │
        公司内部推进者 ─────────┐          审批 │
       (核心负责人)            │              │
              │                ↓              │
              │               ❷      ❺        │
              │            建议者（领导）──────┘
              │                │
              │                ↓
              │               ❸
              │            现场的操作人
              │            员和使用人员
              │                │
              │                ↓
              │               ❹
              │              监事
              ↓
      应对"不买的原因"，改善提案
```

> 以公司内部推进者（核心负责人）为中心推进项目，必要时可以让他向其他利益相关者进行说明，或者创造询问的机会

因此，在订单控制阶段，销售人员需要召开作战会议，讨论"洽谈对象（客户）今后在公司内部提交方案时，应该面向谁、按什么顺序、如何攻克"。

注意，再次提出最终决策董事会上已经决定"不购买"的商品是一件极其艰巨的任务。公司内部推进者立即进行二次提案会被贴上"听不懂话"的标签，这样一来，公司内部将无人积极采取行动。

因此，为了让所有利益相关者断定"这是我们需要的服务或需要解决的课题"，销售人员和洽谈对象必须一起思考"此后如何在公司内部'控制'利益相关者"。

（3）铁规则：下次商务洽谈要"趁热打铁"

最后，调整下一次的洽谈日程和内容，整理销售方和客户方各自的任务和需要回去确认的事项。

这个"下一步操作设计"阶段的重要性超出了很多销售人员的想象。尤其是现如今远程办公、在线会议已经成为商务洽谈的一种选择，客户在与你洽谈和与其他公司洽谈之前几乎没有零碎时间。每次我们参加一个又一个新的会议，紧急的工作和任务的数量就会增加，我们销售工作内容的重要性和紧迫性就会降低。

更可怕的是，热情骤减的不只有我们的客户。随着时间的流逝，我们对"解决客户课题的热情"也会逐渐降温。

"对眼前的客户百分百投入。"漂亮话说起来很简单，但实际上我们很难控制工作的动力。这时候用一个很简单的词——优先顺序，就能蒙混过关了。

有句俗话叫"趁热打铁"，在洽谈过程中或者洽谈当天就应该设定下一步，且双方都应该将其作为"优先等级程度较高的任务"来调整时间安排。

此外，如果有必要让洽谈对象在公司内部采取行动，销售人员可以通过制作会议记录、提交公司内部推广用资料、发邮件等公司内部销售的代理业务来支持洽谈对象在其公司内部的活动，帮助他以最快的速度推进。

到了这个阶段，洽谈对象在某种意义上也是我们的合作伙伴。在制作正式的提案书之前，由代理来制作这些资料效果可能会更加显著。

(4) 控制决策者的方法：避免"一声令下"后一切归零

精心准备的重要项目，却因为"一声令下"，一切又回到了起点……做销售的人一定遇到过这种情况。

说实话，我们很难避免这种情况的发生，但我们可以运用一些技巧和思维方式来布置防线。

那么，为何会出现这种"一声令下"的情况呢？原因主要有两点，一是销售人员没有接触到决策者和高层管理者，二是销售人员没有掌握决策者的意向（公司方针）。因为要在自己无法控制的范围内做出决定，所以决策者只能"一声令下"，叫停项目。

防止"一声令下"的基本方针如下。

- **在洽谈过程的某个场合下请求与决策者或决定者见面**
- **在"一声令下"之前，提前找到一位能收到信息的"自己人"**
- **决策者"一声令下"时，销售人员要和支持自己的客户一起全力阻止**

事实上，我们也只能做到这些。但也正因为几乎没有销售人员会采取这样的对策，这种努力才显得十分有价值。

下面我讲解一些沟通示例，来说明在与负责人（推进者）进行洽谈的过程中，如何让高层或决策者出现在洽谈现场。

沟通示例①

销售人员："A 先生，您想继续导入我们的系统吗？"

负责人："我们一定会认真考虑。"

销售人员："非常感谢。顺便问一下，A 先生向决策者提出建议时会得到怎样的反馈呢？"

负责人："我认为他会觉得……"

销售人员："如果决策者不能理解的话，您能否按我刚才的讲解和他解释呢？"

负责人："这个难度有点儿大……"

销售人员："如果这样，A 先生和我一起提建议似乎效果会更好。"

沟通示例②

销售人员:"决策者在决定导入系统时,通常会在意什么呢?"

负责人:"是否真的有成功的案例,是否真的有效果。"

销售人员:"原来是案例和性价比。那么,为了能够及时回答突发案例的提问,我也应该在场,这样才不会给决策者A先生留下不好的印象,您认为呢?"

负责人:"确实是这样。真是麻烦您了。您方便吗?"

销售人员:"我会好好准备的!"

沟通示例③

销售人员:"贵公司的决策者在做决定的时候,是基于实际的商品和使用印象来判断的吗?"

负责人:"是的,除非真正看到它,否则不会真正了解它的优势。"

销售人员:"那么,我们就根据贵公司的使用场景来设计演示情景。我们会做好相关准备由贵公司判定是否需要,您能不能召集相关人员一起来听听呢?"

负责人:"好的,我来协调。"

问题的关键在于如何让洽谈对象成为合作伙伴。

拿我来说,在完成课题设置的商务谈判中,我会确认项目名称。"团队××构想""团队××项目"等,标题是什么都可以，但最好简单易懂并且由客户来命名。

也许有人会想："做这么多竟然就为这么一个项目名称……"事实上，确定项目名称的好处有很多，比如洽谈的气氛会高涨，一下子就能缩短双方的距离，能让大家意识到自己已经成为项目的一员。对客户来说，他的定位也会发生改变，因为他得到了解决自己问题的团队。

这种意识上的细微变化，会在之后的提案书的制作和演讲中发挥巨大作用。

在由多人参与的场景下发表演讲时，如果现场有自己的合作伙伴，你一定想象得出来，自己的内心将会多么踏实。

此外，也有特意增加手续的方法。有的人会签订保密协议，邀请客户加入聊天群。如果签订了保密协议，你就会变成"能够透露信息的人"，因为可以通过聊天进行交流，所以你会成为客户商量的对象。

顺便说一句，如果你在提交方案前就能与客户建立轻松聊天的关系，那么你的提案内容几乎不会与客户的要求产生偏差，因为每次制作资料都能确认它是否偏离提案的方向。

比起由领导确认提案内容，让负责人详细确认能实现更好的团队合作。如果能和负责人建立这样的关系，就能大大提高销售成果的控制程度。

第 5 章

核心销售：全力攻克"有发展前景的项目"

客户认为的理想采购是购买"最适合解决课题"的商品，得到"比以往更加便利"的效果，而销售人员的建议会给客户带来美好的未来。

因此，在商务洽谈的后半场里，一定要坚持销售工作，绝不能妥协。

请注意，在提案内容中绝对不能出现谎言和欺骗。所谓结束，不是对一个人，而是对你的内心。

要相信，消除客户"不买的原因"后自然会进入签约环节，"制作方案""演示"直至最后的"结束"。

本章，我将为你介绍商务洽谈（核心销售）的技巧。

第5章 | 核心销售：全力攻克"有发展前景的项目"

> # 影响决策过程的最大障碍是"维持现状的偏见"

假设你想买一张办公桌放在家里，预算在 3 万日元左右，你会如何选品呢？

也许你会逛家具店、在购物网站上进行搜索，然后对比两者的优劣。实际上，你大概率不会冲动地购买自己第一眼看到的桌子，哪怕它正好只需要 3 万日元。

如果是 100 万日元、1000 万日元、1 亿日元呢？因为你不想买错，所以会仔细搜寻多次，进行比较和选择。

同理，考虑采购商品的企业，关注点也会转移到这些问题上："最适合本公司的商品是什么？""购买它真的没问题吗？"

因此，"竞争优势"和"可行性证明"在"核心销售"，也就是"顾问式销售流程"的后半部分中很重要。

这里出现的竞争未必是和竞争对手，"维持现状最令人安心的偏见"才是影响决策的绊脚石。

在购买新商品或新服务时，很多人因为害怕更换后会有失败的风险而延续以前的做法。为了消除这个障碍，我们需要通过提案、模拟演练、利用（成功）案例、演示和常见问题解答等来呈现"购买商品或服务后会变得更方便"的可能性，并说服客户。

制作方案——确定课题的设计

"优秀提案书"是有一定格式的。客户认可并愿意下订单的方案中必须包含以下 4 个要素。

①必须是解决客户课题的方案
②在客户的提案评价基准内能够显示出优越性
③能够将解决课题的路径和顺序理解为一个系列故事
④方案内容合理（可行性证明、竞争优势）且便于理解

如果你不按照这 4 个要素制作方案，就等于给客户留下了"不买的原因"。

那么，我们应该如何结合这 4 个要素来设计方案呢？接下来，我将为你介绍方案的每一页中应该包含的要素以及具体的写作方法。Cerebrix 公司推荐的方案构成要素如图表 33 所示。

牢记图表 33 所示的提案内容的构成和流程后，我再来解释方案的写作要点。

（1）客户仅凭方案的"标题"就决定购买商品

首先，标题要传达关键信息。换句话说，标题就是客户的目标，它必须是客户最感兴趣的话题。

虽然听起来有些夸张，但曾经收到我方案的客户是这样说

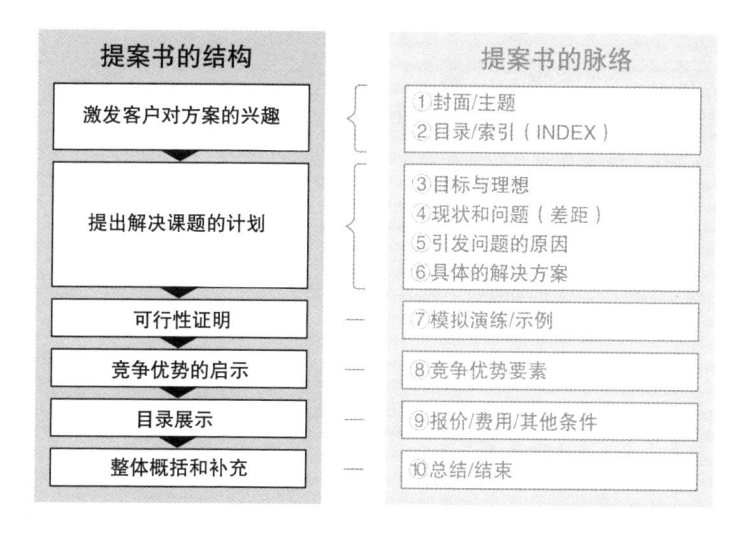

图表33　提案书需要的"结构"和"脉络"

提案书的结构	提案书的脉络
激发客户对方案的兴趣	① 封面/主题 ② 目录/索引（INDEX）
提出解决课题的计划	③ 目标与理想 ④ 现状和问题（差距） ⑤ 引发问题的原因 ⑥ 具体的解决方案
可行性证明	⑦ 模拟演练/示例
竞争优势的启示	⑧ 竞争优势要素
目录展示	⑨ 报价/费用/其他条件
整体概括和补充	⑩ 总结/结束

的："看到你的方案标题，我就想下单订货。"可见，标题命名是多么重要。

例如，如果方案的标题是《加强安全的提案书》，你的看法是什么？你是否感觉印象淡薄，并不吸引人？这个标题给人一种很强的通用资料既视感，不太能感觉到这是要传递给客户的信息。

如果我们稍微修改一下，在标题中添加对客户有用的信息，如《加强异物混入对策和防止异物入侵，让食品企业值得信赖的提案》，你感觉如何？明确方案要实现的目标，给人的印象会更加深刻。

但是，如果你觉得这个标题还是太常见了，我觉得你说的也没错,因为它还是缺少特殊的印象。

所以,就像玩文字游戏一样,我们可以对这句话进行词语转换和修改。强化安全措施,客户想要达到的目标是什么呢?花钱预防风险,归根结底是想让消费者怎么想呢?……

我们尝试从大局观和不同的角度看事物,努力发挥想象力,最终想出了这么一个标题:《成为客户听到"安心"一词首先想到的公司:通过安防赢得消费者的信赖,实现良好的风险控制》。

你觉得这个标题好不好呢?

看到这个标题的时候,你有没有感受到一股正能量,感觉自己是"被选中""被依赖"的呢?通过这种方式我们可以明确一点,即选择措辞的方式可以改变客户的看法。

在选择词语的时候,如果常见的表达方式令你十分困扰,建议你在网上搜索"×××换个说法"试试。只要稍微花点工夫,你就能发现在耳边回响的令人印象深刻的关键词。

(2) 方案的故事由"起转承结"构成

标题确定后,接下来就是提出"课题解决计划"。建议用客户容易理解的方式呈现"购买商品获得成功的故事"。

故事发展的基础不是起承转结,而是"起转承结",这一点很重要。

一般的文章结构都是起承转结,大致的结构是这样的:承接开头的话题加以延续,突然改变前提加以转折,总结、概括、结束。但是，写提案书的时候，开头要先引出目的，因为在早期阶段通过"转"提出问题更容易将话题的发展和购买商品的动机联系起来。

即，要按以下的顺序来写。

- 起：我认为客户应该以×××为目标
- 转：但是，以现在的状态是无法实现的
- 承：因为问题的根源是×××
- 结：因此，购买商品（服务）来改进它吧

如果能让聆听者在早期产生危机感，他就不会感到无聊，更能集中精力接受对方所说的内容。

坚持到现在，我们终于可以进行商品提案了，即用什么、如何解决。请注意，如果在此之前提出商品提案，"解决课题的故事"的整体流程就会发生偏离。再加上无法确定回报是什么，很容易给人留下"这只是一个价格数字而已"的印象。

但是，和公司信息的介绍一样，在这里你也要问问自己："冗长的说明和厚重的资料真的有必要吗？"

如上所述，销售也是信息加工业。不必解释商品的所有功能和特点，而应将该企业所必需的"削掉赘肉后的状态"转化为简单的信息，因为如果你让客户接触到了不需要的信息，就等于给他提供了一个你不希望出现的选项——"无法决定现在购买"。

(3) 将购买商品后的未来"可视化"

提案书后面的结构中要加入"可行性证明"。购买商品会带来哪些便利，是否真的能够顺利进行等，要将这些可能性"可视化"。

例如，进行系统导入模拟（定量地表现出便利情况的资料）或者利用成功案例，让客户通过模拟体验成功的感觉，掌握系统的使用方法。还有一种方法是准备并演示为客户创建的虚拟环境的产品。

需要注意的是，如果在这个阶段不能消除客户的顾虑，不能让客户认同，那么客户就会带着"不买的原因"继续进行洽谈。

下一步，我们要准备展示本公司商品"竞争优势"的内容。

我所说的竞争优势并不意味着要列举比竞争对手商品更优越的功能。总之，我们传递的内容要聚焦在与客户的课题契合的优点上。什么都会就等于什么都不会。限制信息需要勇气，不能把功能和特点全部展示出来，要有"匹配"意识。

此外，法人销售的情况下，决策的利害关系人除了眼前的洽谈对象以外，还有很多不特定的因素存在。以"公司内部传阅"资料为前提，我们要意识到以下3点：要让客户容易找到想了解的信息；要让每一页的重要信息一目了然；要有第三方看资料时容易理解的图表解释和文字表达。

最后，介绍一下检查方案时需要注意的要点。

基本上，这和制作介绍资料时没什么区别，但是为了保持文章的连贯性，要确认关联词是否将每页的内容连接到了一起。

比如说有没有突然跳过去的话题，有没有前后不相符的内容？如果感觉不协调，那就证明介绍的逻辑性不佳。

此外，根据不同的商品分别制作方案的做法也未必就正确。在展示解决课题的基础上，如果用通用资料和报价就能签订合同，这就足够了。是否需要进行"可能性的可视化"，即购买商品会实现某种便利，只要判断客户是否需要即可。

本书为了消除"不买的原因"对销售流程进行了有意识的细分。只要不影响销售，就没有必要增加流程。

（4）撰写不可能被选中的方案是白费工夫

制作方案的时候，如果提案书没有被选中的可能，要果断放弃。有些销售人员会质疑说："方案还是要做的吧？"其实很多人只是单纯地在做这件事。

很遗憾，给一家没有成交机会的公司准备方案是在浪费时间。

"能否解决客户的本质问题？"如果在不考虑"能否证明可行性和保证竞争优势"的基础上制作方案，就没有制作的意义。

如果你处于客户有需求却无法做出可选择的方案（企划）的状态，那么按以下方法，自己设想"方案被选中的情景"

开始制作方案，效果会更好。

- 与具有被客户选择的要素的合作伙伴或内容组合
- 对客户和相关部门进行调查、征询意见，为获得成功做准备、收集素材
- 重新把握课题（在能够提供的信息或方法有限的情况下）

如果这样还是无法完成方案制作，就应该果断回到流程中去，从搜集能让自己公司获胜的信息开始重新思考。

每当我提起这些情况都会有人说："洽谈伊始就应该制作方案。让对方产生具体的印象，更容易进行讨论。"

当然，具体情况具体分析，有时也会以方案为基础推进商务洽谈。我也建议在线上洽谈中以资料或内容为主向客户推荐商品。

虽说如此，为了不让客户觉得这是为了让人做出判断而制作的"完成版资料"，准备深入讨论用的表格或者使用暂定方案的资料来展示也是一种方法。请不要忘记，在第一次提交方案的洽谈中，还没有完成实际调查。

无论如何，在洽谈中运用的方案和资料等都是帮助客户顺利做出决策的工具。请注意根据情况，为客户提供最佳购买体验所需的工具。

介绍——最佳方案

"顾问式销售流程"还剩 2 点没有介绍。接下来，我讲解一下洽谈中的"介绍"。

介绍指的就是"最佳方案"，即用看得见的形式来展示客户的课题和解决方案。

(1) 介绍的内容因"对象是谁"而改变

在进行商品展示时，首先需要注意的是，面对不同的对象，设想中的课题和关注点也不同。

销售人员正面交锋的洽谈对象基本上是项目推进人（核心负责人），但根据客户的企业规模、决策流程的不同，对接人也不同。介绍本身有可能一次结束，也有可能换一位参加者后需要再次介绍。

根据以"谁"为对象、以"什么样的目的"实施的不同，介绍的聚焦方式也不同。

在商务洽谈前一定要确认参加人员的情况。特别是立场不同、众多利益相关者参加的说明会，要把握每个利益相关者的课题和关注点。

详细内容请参考图表34。

在此基础上，要向洽谈对象，即合作伙伴确认谁在决策中处于特别重要的位置，保持着重说服的意识参加说明会。

图表34　根据参加者的不同，"关注点"和"必要的洽谈意识"也会不同

参加者	参与目的	主要关注点	必要的洽谈意识
决策者 （决策董事会）	搜集决策相关信息	在整个公司和愿景中，这个商品： ・是否需要投资 ・是否有利润 ・紧急程度高否	结合实现的可能性和竞争优势，传达对企业整体有利的内容
顾问	搜集与决策建议有关的信息	在自己的掌控范围内，这个商品： ・是否需要投资 ・是否有利润 ・紧急程度高否	整合逻辑，说明这样做比较好的理由
推进人 （核心负责人）	再次确认提案内容，推动公司内部导入	・是否真的需要 ・出席人员的反应 ・未来的进展	事先分享商务洽谈的理想进度和目标
操作人员	搜集与操作流程相关的信息	在自己的管辖范围内，这个商品： ・是否需要投资 ・是否有利润 ・是否可以运用	传达实际利用企业的使用示例和操作TIPS（窍门）
用户	搜集使用方法的信息，确认实际使用情况	・是否便于使用 ・有它是否方便 ・是否想要这个商品	分享演示画面，让用户实际接触
监督检查人员	搜集安全信息	・是否存在安全隐患 ・是否易于检查	提供能够证明安全性和系统性能的有力数据

在实际的说明会中，要注意沟通时不要让客户焦虑，不要让客户产生疑问。

如果没有在清除小疑问和不满的情况下就开展说明会，客户"不买的原因"就会变得错综复杂，很难解开。

请你务必仔细检查方案中的每一页内容是否存在疑点，力求让对方产生认同感。

（2）说明会的流程也由"起转承结"构成

说明会内容的流程基本上是以方案为解决课题的故事而设定的，所以最好不要改变流程。和方案一样，说明会的内容不是以起承转结，而是以"起转承结"的故事结构来具体展开的，在早期阶段提出问题。

具体流程请参照图表35。

与方案的不同之处在于，它提供了一个问答环节和讨论环节，以确认客户对方案内容是否存在疑虑或问题。

这个时候，只提出"您现在有什么疑问吗？"是无法听到对方真心的回复的。

"导入系统实际使用后，您目前有哪些疑虑呢？""现阶段，您在做决策时有哪些阻碍？"我们可以通过这种提问方式，尽可能询问具体细节并尝试了解说明会参加者的担忧和想法。

（3）"预签约"比结束更重要

演示到此就结束了。实际上，评判项目的采购订单需求是否"完成"，其依据并不是签订合约，而是在说明会的最后进行的"预签约"。

图表35 理想的说明会流程

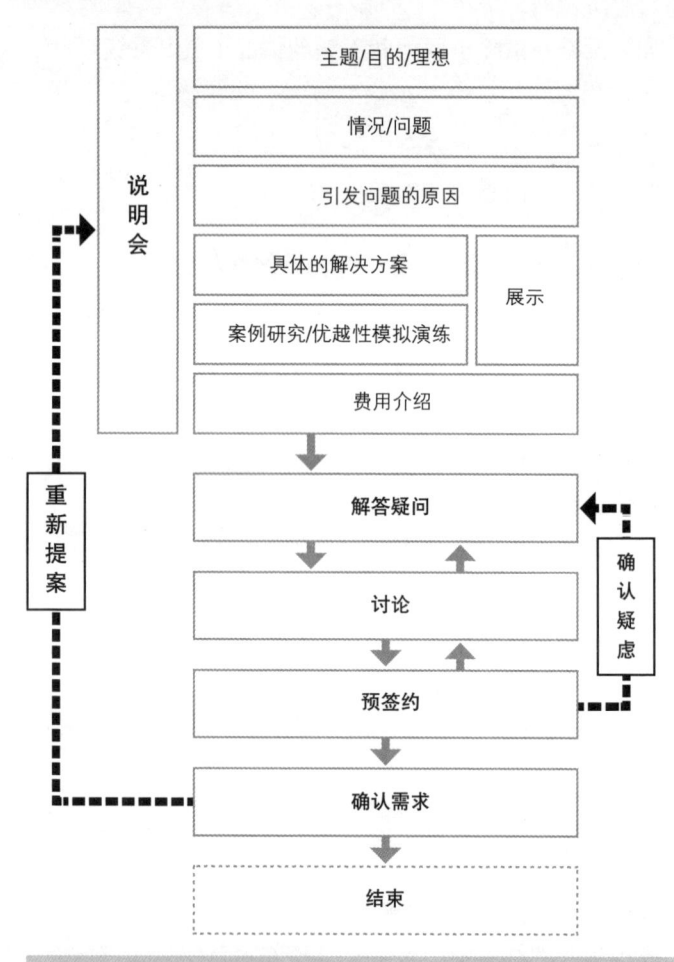

```
         ┌─────────────────────┐
         │   主题/目的/理想    │
         ├─────────────────────┤
         │     情况/问题       │
         ├─────────────────────┤
   说    │   引发问题的原因    │
   明    ├─────────────────────┬──────┐
   会    │   具体的解决方案    │      │
         ├─────────────────────┤ 展示 │
         │案例研究/优越性模拟演练│      │
         ├─────────────────────┴──────┘
         │      费用介绍       │
         └──────────┬──────────┘
                    ▼
         ┌─────────────────────┐       ┌──────┐
         │      解答疑问       │◄──────│ 确   │
         └──────────┬──────────┘       │ 认   │
   重               ▼         ▲        │ 疑   │
   新     ┌─────────────────────┐      │ 虑   │
   提     │       讨论          │      │      │
   案     └──────────┬──────────┘      │      │
                    ▼         ▲        │      │
         ┌─────────────────────┐       │      │
         │      预签约         │◄──────┘      │
         └──────────┬──────────┘
                    ▼
         ┌─────────────────────┐
         │      确认需求       │
         └──────────┬──────────┘
                    ▼
         ┌ ─ ─ ─ ─ ─ ─ ─ ─ ─ ─ ┐
                   结束
         └ ─ ─ ─ ─ ─ ─ ─ ─ ─ ─ ┘
```

基本上按照与提案书相同的结构进行。之后，进行解答疑问和讨论，在反驳后进行预签约。如果客户出现新顾虑，再次进行解答疑问和讨论。

一旦说明会后客户决定"不买",之后的签约环节将很难扭转局面,因此销售人员必须在客户决定之前采取相应的对策,保持收尾整个商务洽谈的心情进行预签约。

预签约中必须"完成"的内容,主要包含以下3点。

- 提高洽谈对象在现阶段"想要购买"的程度
- 掌握未来决策的步骤
- 把握后续可能出现的购买障碍

我们可以通过销售人员和负责人的沟通示例,具体了解预签约的流程。

沟通示例

销售人员:"收到这个提案后,您是否考虑导入系统呢?"

负责人:"是的,我肯定要导入。"

销售人员:"非常感谢!顺便问一下,导入的可能性大概是百分之多少呢?"

负责人:"我想想……80%左右吧。"

销售人员:"这样啊。那么,20%不导入的原因,您是怎么考虑的呢?"

之后的"完成"流程分为两种模式,即是否希望与决策者直接洽谈。首先是"希望与决策者直接洽谈"时的沟通场景。

沟通示例①

负责人:"我是想推荐它,但是没有和公司内部确认过,所以很难说100%会导入。"

销售人员:"这样啊。顺便问一下,您还需要和谁进行确认呢?"

负责人:"董事吧。这件事要由董事会决议。"

销售人员:"原来如此。那么,有没有可能在董事会上给我一点儿时间,由我来提案呢?"

下面的沟通示例是"不希望与决策者直接洽谈"但希望间接控制决策的沟通场景。

沟通示例②

负责人:"我觉得这个提议不错,但不知道领导是怎么考虑的。"

销售人员:"这样啊。那么,您的领导平时会在意哪些方面呢?"

负责人:"我想想……导入系统后业务是否顺利,还要考虑以往案例。"

销售人员:"我明白了。那么,在贵公司的内部讨论会上,由我来说明和由您先进行公司内部说明,哪一种更容易推进呢?"

负责人:"我觉得由我一个人先说明会比较顺利。"

销售人员:"如果是这样,我会为您准备一份包含您在公司内部提交申请所需要的模拟和案例的资料。请问,您会在什么时候呈交资料呢?"

负责人:"在经理会议上,我会介绍大约15分钟。"

销售人员:"明白了。我会按照在规定时间内能够说清项目要点的要求来准备资料。完成后,请您给我15分钟的时间让我解释一下。我还会分享一些常见的提问回答。"

大概就是这样。优秀的销售人员会替客户制作补充资料或呈交资料,控制订单需求。

如本书开头所述,所谓销售,就是客户的购买(采购)代理或公司内部的销售代理。

(4)使用成为双刃剑的"免费体验"的正确方法

根据公司的不同,在说明会前或结束后,可以安排"免费试用期限"或"模拟演示"等流程体验。要想让客户觉得"导入这个系统效果很好",最简单的办法就是让客户获得美好体验。

此外,对买卖双方而言,没有目的的体验过程会让决策迷失方向。

最常见的就是"撒钱"让客户免费体验。为避免误解,我来解释一下。我并不否认市场销售策略中的"免费增值策略模式"(一种免费提供基础服务,然后根据高级功能和用户数量进行有偿收费的商业模式),但原本收费的商品通过广告宣传吸引客户"因为免费,所以先尝试一下",这种做法毫无意义。

如果客户觉得不需要,即使免费也不会去体验。在每次商务洽谈时都发行免费账户,如此重复撒钱挥霍真是浪费时间。

我认为,"免费体验"这种武器是信息加工输出方式的一种,它只能在客户说"没有实际使用过就无法做出判断""想和其他公司的商品比较使用感受"的情况下才可以使用。

而且,"免费体验"引起的迷失还会带来以下风险。

"我尝试创建了一个账户,但公司里没人用。"

"我觉得就算签了正式合同,结果也一样。"

"我试用了一周,没有什么明显的效果,所以觉得没必要买。"

这些都会成为客户的痛苦记忆。原本"免费体验"是为了满足订单需求、控制洽谈的措施,最后却变成了双刃剑,产生了不好的影响。

那么,如何才能让"免费体验"成为一种"美好体验"呢?

一是牢牢抓住免费尝试的机会,向客户承诺这个试用期只是为了考虑购买、进行决策所需的验证。

二是不要过度增加实验使用的用户数量。用户越多,客户和销售人员越无法控制。

最后,像正式导入时那样,要对用户进行客户引导(使用教程)和定期观测。

例如 IT 类服务，用户在短时间内至少要使用 3 次才能融入日常业务的习惯行为中。在养成习惯之前，很多行为都会被认为"费事"。

要想创造美好体验，至少在初期的服务支持和实现自主使用之前，销售人员要一直跟进，让用户认为这不是一个"费事的服务"。当然，不要忘记在试用期间通过定期调查和定期建议来收集积极反馈。

同样，也有通过演示提供模拟体验的方法。

如果能通过观看和触摸实际商品提供美好体验，客户自然不会有抱怨，但在商品演示中客户容易产生"这不适合我"的感觉。在客户体验或销售人员说明使用方法的时候，如果给客户留下"我们公司可以在哪里使用呢""这个演示环境和我们的业务内容不一样"等不合时宜的印象或不合适的体验，就会直接成为客户"不买的原因"。

更糟糕的是，这种负面感受是无法直接从洽谈中的客户口中说出来的。很可能客户在销售人员面前表达了"感觉非常不错啊"之类的不痛不痒的感想，心里却依然决定"还是放弃吧"。

如果要进行演示，请务必准备一个融入日常工作的环境并用文字进行辅助说明，以便客户可以轻松想象实际的使用场景。

总之，体验指的并不是单纯让客户试用。请让需要它的人带着明确的目的去体验。

结束——助推决策

"这次我购买的东西很好,很期待它的使用效果。"得到对方这样的回复,才是洽谈"结束"的理想状态。

"签约"是顾问式销售流程中的最后流程,我将其定义为"推动决策"。销售人员应竭尽所能,帮助客户做出满意的决策。

(1)对销售人员来说是大项目,对客户来说却是"任务之一"

那么,为了支持决策,销售人员应该采取什么行动呢?

主要有以下4点。

- 临时决定系统导入日期,并据此倒推,得出结论的日程安排
- 解决客户的问题,消除客户的疑虑
- 针对客户提出的条件(价格、交货期、系统)进行调整和谈判
- 结论的回收

虽说如此,签约与其他销售流程相比,对订单成交的影响并不大。在签约之前的阶段,如果客户觉得销售人员的提案是

最合适的,那么在这个过程中"调整"的含义就会变大。

但是,如果签约时的沟通和谈判失败,讨论就有可能化为乌有。我们需要注意一点,有些企业为了获得订单需要提供各种条件(信用等)。

俗话说"结局好,一切都好",你在洽谈结束时表现出的言谈举止和做法,有时也会让一切前功尽弃。

例如,因为销售人员自身的情况,逼迫对方在期限内给出结果,或者多次联系对方要结论,这种做法都不可取。

与已确定导入系统的客户联系时,双方的情绪通常比较高涨,非常容易沟通;但在进展状况不顺利的情况下沟通时,则会出现阻碍。因为对客户来说,洽谈的讨论不过是他们众多任务清单中的一项而已,会忘记也很正常。这种情况下的沟通是非常困难的。

如果客户回复晚了,请不要催促,你要意识到自己要为工作繁忙的客户提供服务并进行确认。在此基础上,你要本着切实实现成交的意识推进工作。

例如,其中有一种推进方法是,在结束的时候询问客户:"后续我可以联系您确认一下讨论的情况吗?""打电话和发电子邮件,您看哪种方式比较好呢?"然后,和对方达成共识,保持定期联络。

此外,如果公司允许使用SNS,可以在洽谈后向客户提出"申请添加好友"的请求。相信只要给客户留言,客户就会联系你(这种情况很常见)。

(2) 价格低的商品在签约后更容易被投诉？

签订合约并不是强行推销，也不是强迫对方给出结论，让对方购买。销售目标所说的签订合约，指的是"接受"，而不是"说服"。对于客户来说，两者的意义截然不同。

通过说服达成签约是产生纠纷的根源。如果客户是在"被迫购买"或"无法拒绝"等不情愿的情况下完成签约的，日后可能会出现无法挽回的巨额索赔。

Cerebrix公司曾代理销售过诸多商品，经验是"客户购买低单价商品后投诉比较多"。

同样，能持续使用的商品和不能持续使用的商品相比，后者更容易引发投诉。

为什么支付金额很低，投诉量却很大呢？我能想到的原因有：（1）单价越低的商品越能让人冲动，当场作出决定；（2）强迫客户作出决定的"说服签约"很多。

没有客户会因为被强迫购买而高兴。签订合约就像伸出援手一样，应彻底发挥支持客户决策的作用。

另一种常见的纠纷是因越过负责人而引发的投诉。对销售人员来说，经常会有洽谈无法如预期般顺利进行的情况。为了克服这一问题，销售人员有时很想与负责人或其领导直接沟通，但如果在没有想好的情况下就盲目地去做，很容易付出惨痛的代价。

不同的客户对这种越级沟通感到心情不悦的程度各不相同。

记住，不要浪费之前通过沟通建立起来的相互信任的关系。

（3）未成交时如何留下"正确的痕迹"

"欢迎失败。"这句话的意思不是为失败感到高兴，而是鼓励我们接受失败。

销售人员最不愿意面对的现实就是失败。有时会觉得自己被否定了，感觉"很痛苦"，但根据理解的不同，企业和销售人员的成长速度会产生巨大的差距。

在我看来，失败是一座"财富之山"。如果你能找出失败的原因，就能采取措施，减少出于同样的原因而再次失败的可能性。

科学地对待客户"不买的原因"，能够增加成功的次数。

失败后最重要的行动是"仔细检查"，让它变成不再犯同样错误的机会。例如，通过直接上门拜访、打电话、填写问卷等多种方式，从客户那里收集"不买的原因"。

你可以酌情使用以上方法，但重要的是要事先"询问客户不买的原因"。

对客户来说，购买活动和讨论活动结束后，对自己没有选择的企业的兴趣会一下子减弱。在这个阶段，即便你向客户询问"为什么不买本公司的商品"，大概率也得不到对方的回复。因此，在"顾问式销售流程"中的"商品展示"环节，应事先达成共识。

"这次如果您考虑暂缓合作或者与其他公司合作,能告诉我原因吗?为了改期给贵公司提交方案,以及定期给贵公司提供信息,请您务必给予协助。"

客户的答复率会因为你是否说过这句话而发生改变。

认真地收集这些"不买的原因",反映到销售战略和销售战术中,就能控制成果。

第 6 章

售后：成为你个人"财富"的客户忠诚度的提升方法

销售的真正价值，在售后环节得以展现。而有些销售团队的做法，竟然是在成交后撤换后续跟进的负责人。

客户信任的是销售人员。虽然后续负责人的角色作用一脉相承，但一个无法否认的基本事实是，客户是基于对销售人员的信任才进行交易的。

对自己的方案全权负责，这是作为销售人员的"正义"。

那么，究竟什么才是销售的终极优势呢？是被客户纳入内心的"想起名单"中。

只要你能成为一名优秀的理解者和商谈对象，让客户遇到问题时第一个想向你求助，你自然会拥有你的竞争力。

做到这一点，获取信任至关重要。

但信任的建立也绝非一日之功。

是否可以让销售变得"特别"，取决于售后环节与客户之间的互动。

第6章 | 售后：成为你个人"财富"的客户忠诚度的提升方法

"有事相商时第一个被想到"的无敌地位

客户忠诚度是指与客户之间的信任关系。通常我们称订婚戒指为 engagement ring，但在这里，请把 engagement 当作一种表示卖方（商品提供者）和买方（商品使用者）之间"纽带"关系深度的术语来理解。

那么，是什么加强了卖家和买家之间的忠诚度呢？

最重要的是要有"客户成功"（customer success）的理念。换言之，客户可以通过购买、使用商品和服务，并根据它们"是否能够提供实际解决问题、破解难题等的体验和成果"来定位销售人员对自己的忠诚度。

"客户成功"是主要开展订阅、SaaS 等定额服务和使用型服务业务的公司倡导的概念，但这并不意味着这一理念对其他类型的公司就无关紧要。

向客户提供课题解决计划或承诺，并获得预期甚至超出预期的结果，这是实现"客户成功"的基础。

基本上，客户购买商品就是为了"更方便"或者"能够解决问题"。所有商品供应和销售活动都必须以"客户的成功体验"为立足之基。对所有销售人员而言，提出有助于客户成功的建议就是他们的"正义"。

同时，销售人员也能够从客户忠诚度的提升中受益。

能够成为客户心中特别的存在,就是最明显的优势。能够成为客户心中那位"在特定领域遇到困难时,最先想商量的人",这样的销售地位是无敌的。

客户满意度越高,再次下单和介绍客户的可能性就越大。

如果能够通过这种方式提升客户忠诚度,销售业绩和成效自然会相应提高。比起尚未获取信任的新客户,向此前已经下过订单的老客户开展销售活动自然要轻松得多,耗费的精力和面对的难度也必然会降低不少。

将心比心,你自己在购买重要物品时,应该也会充分参考周围人的意见和大众的口碑吧?

强调口碑的理念也在迅速渗透到 B2B 商业领域的各个角落。在当今社交化销售和推荐销售(referral sale)备受关注的采购环境中,"好评"和"差评"将极大地影响销售业绩。

换言之,购买商品或服务的客户能够得到什么样的体验,决定了销售人员获取或夺得下一个项目的难易程度。

"让购买者成功"的强烈愿望

我在销售过程中学到一句金句:"企业销售的真正妙趣,在于助力被派来的采购负责人晋级高升"。

企业的问题通过采购得以顺利解决,这无疑与商品采购负责人或者系统导入推进人的正面评价息息相关。一听到企业销售,往往很容易让人联想到企业和企业之间的商务往来场景,以及一些涉及商业盈亏的双方交涉。但如果从采购的决策和运用方面来看,其中还是藏着一段"由志同道合者共同谱写的职场好戏"的。

看着自己负责联系的采购负责人被提拔或重用,是一件特别耐人寻味的事情。很多客户,当他们的工作环境发生了变化、更换了新的部门或者跳槽高就时,都会第一时间直接联系销售人员通报情况。

与采购负责人持续保持良好的关系是一条获取项目以便把销售成果牢牢掌握在自己手中的途径,也是一个非常重要的理念。

最重要的是,作为一个对客户而言"有意义的存在",销售人员想要在客户的脑海中占据一席之地,靠的是无法通过单纯的业绩和销售额来表现的价值和动机。

人生在世总得工作,你必定也想成为一个对人有用、为人所需之人。

  原本,销售就是一个可以和购买者直接接触的角色,也是一份最能切身体会到"介入价值"的工作。

不要将"客户成功"拱手让人

本书内容至此已近尾声,我也不妨说些重话。实际上对于购买者而言,购买商品本身并没有太大的意义。

这话听起来有点拆自己台的意思,但它实在是一句蕴含深意的话。采购是一件大事,功夫在日常。现实中很少有单纯通过购买就能实现的目标,购买不过是为了解决问题而提供的一次"契机"罢了。

但是,"客户成功"是时常发生的。客户购买商品或服务后,在接下来的日常商务活动中总是伴随着问题的解决和课题的破解。

然而,客户决定购买后,卖方却在节骨眼上突然更换负责人,这样的情况时常出现。

之所以出现这种情况,是因为最近在销售活动中分工制和角色分担的做法备受推崇,越来越多的企业在买卖成交之后选择让交货部门来继续跟进客户咨询事务。

从专业性和效率的角度考虑,这种分工制本身是必要的,但这并不意味着销售人员可以仅仅借口分工而逃避后续的客户咨询事务,因为分工制在大多数情况下是从"卖方方便"的角度出发的产物,忽视了客户的期盼。

把销售和使用当成"不同的事件""不同的流程"来区别

对待只能算是卖方销售。而客户从购买到使用，始终都是用一套一以贯之的流程来运作的。

客户是根据销售人员的建议做出购买决定的，当然不会接受让其他人来承接后续的客户咨询服务。对于卖方在买卖确定后却以公司内部分工制为由将后续业务交由其他部门承接的做法，买方不可能欣然接受（只不过碍于对方的规定，不得已而接受罢了）。

如果把业务移交当成理所当然，后续的作业流程将不可避免地把客户的想法抛诸脑后。由此造成的严重后果是，客户忠诚度被推倒重塑。

销售的提案才是真正的"客户成功"

在公司规定下,现实操作中也有部分销售人员在交易敲定后无力提供后续的使用或服务支持。在这种情况下,我们作为销售人员应该注意什么呢?

首先,让我们立即抛弃"为客户提供便利和支持是其他部门的职责"的想法。

客户咨询就是你(销售人员)的事。请你设身处地,在考虑客户使用便利的基础上提出建议。同时也请你谨记,你和客户之间不是委托关系,而是"一体关系"。

正因如此,在后续的工作移交中你要分外小心和用心。只是公事公办地把工作移交给其他人,会让客户忐忑不安。

如果必须移交客户,也不能在订单成交后马上进行。经过阶段性的磨合,让客户对继任者建立起基本信任,然后再切换角色,这种做法更为妥当。

为此,你要与客户真诚洽商,精心准备并确定"由谁来继任""针对继任的事情进行怎样的说明"等,向客户详细说明角色分工情况,表达对客户的重视之意。

销售人员在向公司负责人移交工作时,要像接待客户一样,将项目目的、项目问题、理想状态等各方面的情况事无巨细地交代清楚。

如前所述,提升客户忠诚度其实也是在创造"销售机会"。

从这个意义上说,即使公司内部有分工,销售人员也不应完全脱节,而应打造一个"仍在继续关心、关注客户""定期参与并过问项目"的良好的商务环境氛围。

结束语

我的"销售经"

书海泛舟,感谢你一路坚持读到这里。最后,我想抛开那些销售技巧,和你分享一下内心的真实感受。

作为一名销售布道者,我心有宏图,那就是提升销售职业的市场价值。

如今的日本,应届毕业生被贴上了"先去干销售"的标签,无论适不适合、想不想去,一律被打发到销售岗位,那里成为他们的"入职训练场"和"成功进步梯"。

当然,我承认销售技巧具有普适性,在任何职业都有用武之地。但是,本书所阐述的"商务谈判的控制"以及"顾问式销售",在实操层面上有那么简单易行吗?

进一步来说,把身负"为客户的事业和发展提供合理化建议"的销售岗位定位成谁都能够胜任的"临时性安排",真的妥当吗?

我持反对意见。

销售是一个"专业岗位",也是一个"技术岗位"。利用商品解决问题、运用语言改变行动，这些都是需要专业知识支撑的技术活儿。外企销售人员之所以待遇优厚，或许就是因为他们认同这样的理念。

何况，在今天这个人工智能和现代科技日新月异的时代，更是要求"把只有人类能胜任的工作交给人类来做"。这些要求的指向不正是那些需要能说会道、搭建人际关系的工作吗？换句话说，不就是销售工作吗？

正因如此，愚见以为，我们的目标应当是只将"真正有志于销售的人""真正适合销售的人"安排到销售岗位上来。不怕说句有争议的话，我认为最好减少从事销售职业人员的数量，提高销售门槛。

通过这样做，我相信销售行业的专业性将进一步增强，稀缺性和重要性将进一步提升，薪酬待遇和市场价值也自然会水涨船高。

在这种行业状态下，"销售职业"的头衔必将闪耀着"太棒了！""太酷了！"的赞美光环。

我将这场革命称为"销售很酷的构想"。我把这个项目作为我生命中不朽追求的主题。

"销售很酷的构想"一旦广为传扬，销售职业便会吸引优秀人才蜂拥而至。如此一来，不仅是销售职业，客户和全社会的经济都将受益无穷。

好的销售实际上就是抓准核心课题，然后实施最佳方案。如果能做到这一点，就一定会让觉得"买了，好用"的回头客不断增加。"买了，好用"的客户在生意上大获成功，继而用获得的利润扩大投资——这样的采购连锁反应，将使整个经济活动变得更加活跃。

换言之，销售革命就是采购革命。

如今的我，怀揣着不可思议的心情在键盘上敲下了现在的内容。14年前，那个演艺之梦破碎、身无长物的24岁青年投身扎进了销售行业。

眨眼经年，如今的我在公司和各界人士的大力支持下，努力写完这样一本讲销售经验的书。写书其实是我青春期以来就一直怀揣的梦想。

话不嫌多，我想再强调一次，其实我身无长物。

但我就像着了魔一样，原原本本地吸收了本书所讲到的"控制结果的方法"，就算在真刀真枪的实战环境中也毫不动摇地付诸实践。

实践完再检验，检验完再实践，如此循环往复。我每天都坚持在笔记本上写下"自己已经能够做到的事情"。不知不觉间，我的笔记本里已经记满了那些能够让我掌控事物的技巧。现在，我把那些自己做成的和做不成的事情重新用语言再度组织起来，通过自己的话语体系传达给大家。

可以说，本书是这十多年来我本人的集大成之作。

销售成就梦想，这多美好呀！

很多工作都是根据学历、偏差值、经验和资格等个人过往来评价优劣的，但销售不一样。销售行业正在把聚光灯打向那些闪耀发光的人。

就像一无所有的我最终改头换面，甚至还独立出书一样，正从事着销售工作的你，也必定能通过掌握正确的技能把你的理想生活牢牢把握在自己的手中。

如果本书能够对你的理想有所裨益，那将是我最大的欣慰。衷心企盼你的销售之路充满光辉与希望。

最后，衷心感谢为本书面世倾尽全力的扶桑社的秋山先生、为销售行业的发展日日奔波忙碌在大小活动和研讨会上的友人，以及特别感谢百忙之中抽出宝贵时间鼎力支持我的Cerebrix 公司的各位同人。

就此收笔。

今井晶也

图字：01-2023-2518 号

Sales is KAGAKUTEKI NI "SEIKA O CONTROL SURU" EIGYOJUTSU by Masaya Imai
Copyright © 2021 Masaya Imai
All rights reserved.
Original Japanese edition published by FUSOSHA Publishing, Inc., Tokyo.

This Simplified Chinese language edition is published by arrangement with FUSOSHA Publishing, Inc., Tokyo in care of Tuttle-Mori Agency, Inc., Tokyo through Hanhe International (HK) Co., Ltd.

图书在版编目（CIP）数据

7步成交 /（日）今井晶也 著；潘郁灵，赵婉琳 译. -- 北京：东方出版社，2025.1. -- ISBN 978-7-5207-4029-6
Ⅰ.F713.3
中国国家版本馆 CIP 数据核字第 2024KP5454 号

7步成交
（7 BU CHENGJIAO）

作　　者：	[日] 今井晶也
译　　者：	潘郁灵　赵婉琳
责任编辑：	吕媛媛
责任审校：	金学勇
出　　版：	东方出版社
发　　行：	人民东方出版传媒有限公司
地　　址：	北京市东城区朝阳门内大街 166 号
邮　　编：	100010
印　　刷：	河北尚唐印刷包装有限公司
版　　次：	2025 年 1 月第 1 版
印　　次：	2025 年 1 月第 1 次印刷
开　　本：	880 毫米×1230 毫米　1/32
印　　张：	7.25
字　　数：	144 千字
书　　号：	ISBN 978-7-5207-4029-6
定　　价：	59.80 元
发行电话：	(010) 85924663　85924644　85924641

版权所有，违者必究
如有印装质量问题，我社负责调换，请拨打电话：(010) 85924602　85924603